Gerhard Brüning

Die Apostelgeschichte

Grenzen überwinden, Gott erleben

BRUNNEN
Verlag GmbH · Giessen

Der Autor:
Gerhard Brüning, Jg. 1951, ist evangelischer Pfarrer und lebt heute im Ruhestand in Lauterburg/Württemberg. Für einige Jahre leitete er die Erneuerungsbewegung „Kirche im Aufbruch". Er ist Autor mehrerer Bücher, verheiratet und hat zwei erwachsene Kinder.

4. Auflage 2025

Gottlieb-Daimler-Str. 22, 35398 Gießen
www.brunnen-verlag.de; info@brunnen-verlag.de
Umschlagmotiv: Shutterstock
Umschlaggestaltung: Eva Joneleit
Satz: DTP Brunnen
Gedruckt in Europa
ISBN 978-3-7655-0830-1

Inhalt

Verzeichnis der Abkürzungen

Altes Testament

1 Mo	Das erste Buch Mose
2 Mo	Das zweite Buch Mose
3 Mo	Das dritte Buch Mose
4 Mo	Das vierte Buch Mose
5 Mo	Das fünfte Buch Mose
Jos	Das Buch Josua
Ri	Das Buch über die Richter
Ruth	Das Buch Ruth
1 Sam	Das erste Buch Samuel
2 Sam	Das zweite Buch Samuel
1 Kön	Das erste Buch über die Könige
2 Kön	Das zweite Buch über die Könige
1 Chr	Das erste Buch der Chronik
2 Chr	Das zweite Buch der Chronik
Esra	Das Buch Esra
Neh	Das Buch Nehemia
Est	Das Buch Esther
Hiob	Das Buch Hiob
Ps	Die Psalmen
Spr	Die Sammlung der Sprüche
Pred	Der Prediger Salomo
Hld	Das Hohelied
Jes	Der Prophet Jesaja
Jer	Der Prophet Jeremia
Klgl	Die Klagelieder des Jeremia
Hes	Der Prophet Hesekiel
Dan	Der Prophet Daniel
Hos	Der Prophet Hosea
Joel	Der Prophet Joel
Am	Der Prophet Amos
Ob	Der Prophet Obadja
Jona	Der Prophet Jona
Mi	Der Prophet Micha
Nah	Der Prophet Nahum
Hab	Der Prophet Habakuk
Zef	Der Prophet Zefanja
Hag	Der Prophet Haggai
Sach	Der Prophet Sacharja
Mal	Der Prophet Maleachi

Neues Testament

Mt	Das Evangelium nach Matthäus
Mk	Das Evangelium nach Markus
Lk	Das Evangelium nach Lukas
Joh	Das Evangelium nach Johannes
Apg	Die Apostelgeschichte
Röm	Der Brief des Paulus an die Christen in Rom
1 Kor	Der erste Brief des Paulus an die Christen in Korinth
2 Kor	Der zweite Brief des Paulus an die Christen in Korinth
Gal	Der Brief des Paulus an die Christen in Galatien
Eph	Der Brief des Paulus an die Christen in Ephesus
Phil	Der Brief des Paulus an die Christen in Philippi
Kol	Der Brief des Paulus an die Christen in Kolossä
1 Thess	Der erste Brief des Paulus an die Christen in Thessalonich
2 Thess	Der zweite Brief des Paulus an die Christen in Thessalonich
1 Tim	Der erste Brief des Paulus an Timotheus
2 Tim	Der zweite Brief des Paulus an Timotheus
Tit	Der Brief des Paulus an Titus
Phlm	Der Brief des Paulus an Philemon
Hebr	Der Brief an die Hebräer
Jak	Der Brief des Jakobus
1 Petr	Der erste Brief des Petrus
2 Petr	Der zweite Brief des Petrus
1 Joh	Der erste Brief des Johannes
2 Joh	Der zweite Brief des Johannes
3 Joh	Der dritte Brief des Johannes
Jud	Der Brief des Judas
Offb	Die Offenbarung des Johannes

Fragen zu diesem Kurs

Zielsetzung

1. Worum geht es in diesem Kurs? Um drei Ziele, die alle wichtig sind:

a. Nahrung für die Seele. – „Der Mensch lebt nicht vom Brot allein, sondern von dem Wort, das Gott spricht." In seinem Wort stellt Gott sich uns vor. Hier können wir ihn kennenlernen. Wer mehr über Gott und den christlichen Glauben erfahren will, muss sich mit der Bibel beschäftigen. Wer als Christ im Glauben wachsen will, muss sich aus dem Wort Gottes „ernähren".

b. Gemeinschaft. – Im Gespräch über Glaubensfragen und Lebenserfahrungen kommen wir einander näher und können zu einer Gemeinschaft zusammenwachsen, in der man sich im Alltag und im Glauben gegenseitig trägt und unterstützt.

c. Wachstum. – Dieser Kurs wendet sich auch an Menschen, die bisher mit dem christlichen Glauben noch wenig in Berührung gekommen sind. Wenn Sie immer wieder andere zu Ihren Treffen einladen, kann die Gruppe wachsen, bis eine Teilung nötig wird. Beide neuen Kreise sollen ebenso wachsen, bis sie zu groß sind und sich teilen – und so weiter.

Teilnehmer

2. Für wen soll dieser Gesprächskreis sein?

- Für Menschen, die Fragen an das Leben haben und wissen möchten, ob der christliche Glaube ihnen weiterhelfen kann.
- Für Menschen, die sich – neu oder wieder – intensiver mit dem christlichen Glauben beschäftigen wollen.
- Für Menschen, denen Kirche und Glauben fremd geworden sind, die aber nach einem neuen Zugang zum Glauben suchen.
- Für Christen, die die Bibel besser kennenlernen und tiefer verstehen wollen.
- Für Menschen, die im Gespräch über Glaubensfragen und im Gebet füreinander in ihrem Glauben wachsen möchten.
- Für Menschen, die mit Schwierigkeiten und Problemen zu kämpfen haben und eine Gruppe suchen, die Unterstützung und Zusammenhalt bieten kann.

Der erste Schritt

3. Wie sollen wir anfangen? Machen Sie sich eine Liste mit den Namen, die Ihnen jetzt als mögliche Teilnehmer einfallen. Hängen Sie die Liste an einen Platz, an dem Ihr Blick immer wieder einmal darauffällt. Lassen Sie sie dort, bis Sie alle, die Sie auf Ihrer Liste notiert haben, gefragt haben, ob sie Interesse an einem solchen Gesprächskreis haben.

Das erste Treffen

4. Was geschieht beim ersten Treffen? Sie lernen einander als neue Gruppe kennen bzw. begrüßen neue Mitglieder, wenn Ihre Gruppe schon länger besteht. Sie sprechen über Ihre Erwartungen an diesen Kurs und vereinbaren „Spielregeln", die in der Gruppe gelten sollen.

Spielregeln

5. Wie entsteht die Vereinbarung über die Spielregeln? Sprechen Sie über die nachfolgenden Fragen, und notieren Sie die Punkte, bei denen Sie Einigung erzielen. So können Sie am Ende des Kurses gut beurteilen, ob Sie Ihre Ziele erreicht haben.

- Was ist der Zweck Ihrer Treffen?
- Wie oft wollen Sie sich treffen? (Dieser Kurs bietet Ihnen Gesprächsanregungen für zehn Treffen. Wenn Sie sich danach weiterhin treffen wollen, verlängern Sie einfach Ihre Abmachung.)
- Wo wollen Sie sich treffen?
- Um welche Uhrzeit sollen die Treffen beginnen und wie lange sollen sie dauern?
- Welchen Rahmen wollen Sie Ihren Treffen geben? Soll es Getränke und etwas zum Knabbern geben? Wer ist dafür zuständig?

Hilfreich ist es, wenn Sie außerdem **Regeln für das Gespräch in der Gruppe** vereinbaren. Dazu könnten folgende Vereinbarungen gehören:

- Was in diesem Kreis gesagt wird, ist vertraulich und wird nicht nach außen getragen.
- Wir reden nicht übereinander, sondern miteinander.
- Gesprächsbeiträge werden nicht bewertet; jeder Teilnehmer wird mit seiner Meinung ernst genommen.
- Es gibt keine „unmöglichen" Positionen. Wenn es Meinungsunterschiede gibt, begründet jeder seine eigene Sicht.

- ______________________________
- ______________________________
- ______________________________

Sie können ergänzen, was Ihnen sonst noch für Ihre Gruppe wichtig zu sein scheint.

Zeitlicher Rahmen

6. Wie lange dauert ein Treffen? Die Mindestzeitangaben für die einzelnen Bausteine des Treffens sind für Gruppen gedacht, die nur eine Stunde zusammen sein können. Wenn Sie mehr Zeit zur Verfügung haben, verlängern Sie die angegebenen Zeiten einfach entsprechend.

7. Warum verabreden Sie sich zunächst nur für eine bestimmte Anzahl von Treffen? Weil es leichter ist, sich für einen überschaubaren Zeitraum für eine Sache zu entscheiden und sie wirklich durchzuhalten, als eine Verpflichtung auf unbestimmte Zeit einzugehen. Wenn Sie nach Abschluss des Kurses weiter als Gruppe zusammenbleiben wollen – umso besser.

Gesprächsinhalt

8. Was wird bei den Treffen besprochen? Aus der Fülle von Texten der Apostelgeschichte wurden zehn ausgewählt, die Sie genauer betrachten, besprechen und mithilfe der Erläuterungen auslegen. So werden Sie immer besser und tiefer das Wirken des Heiligen Geistes verstehen, wie es Lukas beschreibt. Die Fragen und Erläuterungen nehmen Sie mit hinein in die Entstehung der ersten Gemeinde, und Sie erfahren, wie sich das Evangelium trotz Widerständen ausbreitet. Sie lernen führende Gestalten der ersten Christenheit kennen und bekommen ein vertieftes geschichtliches Verständnis für die ersten Jahrzehnte der Christenheit.

Das Inhaltsverzeichnis bietet eine Übersicht über die Texte und Themen.

Vielleicht möchten Sie auch ein zusätzliches Treffen einplanen, in dem Sie sich gemeinsam mit den Spielregeln für diese Gruppe und der Einführung zum Thema Apostelgeschichte beschäftigen.

Bibelkenntnis

9. Und wenn jemand in der Gruppe wenig von der Bibel weiß? Prima! Dafür ist die Gruppe ja da. Die ERLÄUTERUNGEN geben Ihnen Hinweise zum Verständnis größerer Zusammenhänge, einzelner Ausdrücke, geschichtlicher Hintergründe oder wichtiger Personen im Text. Greifen Sie immer dann auf die Erläuterungen zurück, wenn der Sinn des Textes sich nicht von selbst erschließt.

Bibel dabeihaben. Die Texte, auf die sich dieses Heft bezieht, sind in den einzelnen Einheiten abgedruckt. Weil aber auch immer wieder einmal auf weitere biblische Zusammenhänge verwiesen wird, ist es gut, wenn die Teilnehmer auch eine Vollbibel dabeihaben, um entsprechende Stellen nachschlagen zu können.

„Hausaufgaben"

10. Was muss ich sonst noch tun? Nichts, wenn Sie nicht wollen. Aber Sie können über das hinausgehen, was in der Gruppe besprochen wird. Nicht immer werden Sie alle ***Erläuterungen*** gemeinsam in der Gruppe lesen und diskutieren können. Wenn Sie die Zusatzinformation voll ausschöpfen möchten, haben Sie dafür zwei Möglichkeiten:

- Lesen Sie Text und Erläuterungen vorbereitend zu Hause.
  Oder:
- Vertiefen Sie das Gespräch über einen Text im Anschluss an Ihr Gruppentreffen.
  Lesen Sie den Text noch einmal im Zusammenhang und nehmen Sie sich Zeit, die Erläuterungen zu studieren.

Der Traum

11. Der Traum, der dahintersteckt: Menschen treffen sich und wachsen zu einer tragfähigen Gemeinschaft zusammen, in der jeder eine Heimat findet und in seinen Freuden und Schwierigkeiten angenommen ist. Menschen kommen zusammen, reden über ihr Leben und ihren Glauben und begegnen der Bibel – egal, ob sie Kirchenmitglieder sind, vom Glauben bisher viel oder wenig wissen, ob sie Christen sind oder nicht.

„Serendipity"

12. Was heißt Serendipity? „Die Gabe, zufällig glückliche Entdeckungen zu machen." Genau darum geht es beim Kursmaterial „Serendipity bibel": Menschen kommen ins Gespräch über das Leben und den Glauben, tauschen Erfahrungen aus, setzen sich mit Fragen nach Gott und der Welt, nach Glaube und Bibel auseinander und machen dabei – möglicherweise ganz unvermutet – wertvolle Entdeckungen für ihr Leben.

Hinweise für Gruppenleiter

13. Weitergehen. Weitere Materialien für Bibelgesprächskreise und Kurshefte zu vielen biblischen Themen finden Sie auf unserer Homepage:
www.brunnen-verlag.de/serendipity

Wie verläuft ein Treffen?

Jedes Treffen besteht aus drei Teilen:

1. Einstieg (15 – 20 Minuten)
Der Einstieg bietet Hilfen an, um sich untereinander kennenzulernen und ins Gespräch zu kommen. Die Impulse in diesem Teil zielen darauf ab, mehr voneinander zu erfahren, damit gute Beziehungen untereinander wachsen können.

2. Bibelgespräch (30 – 40 Minuten)
Lesen Sie den Bibeltext zunächst gemeinsam. Die Fragen in diesem Teil beziehen sich auf den Bibeltext bzw. das Thema der Gesprächseinheit. Sie helfen, den Bibeltext zu erschließen, und geben Ihnen einen Leitfaden für Ihr Gespräch. Greifen Sie immer dann auf die *Erläuterungen* zurück, wenn der Sinn des Textes sich nicht von selbst erschließt.

Sie werden vielleicht nicht alle Fragen in der zur Verfügung stehenden Zeit ansprechen können. Wählen Sie dann einfach die aus, die Ihrer Gruppe am wichtigsten erscheinen.

Wenn Ihre Gruppe recht groß ist, können Sie auch überlegen, ob Sie sich für das Bibelgespräch – immer oder hin und wieder – in kleinere Gruppen (etwa zu viert) aufteilen. Das gibt jedem Einzelnen die Möglichkeit, häufiger zu Wort zu kommen.

Wichtig: Zu manchen Fragen möchten Sie sich vielleicht nicht in der Gruppe äußern. Geben Sie aber Ihre Antwort für sich persönlich. Natürlich hat jeder die Freiheit, nur das mitzuteilen, was er wirklich möchte.

3. Austausch und Gebet (15 – 40 Minuten)
Hier ist Gelegenheit, den Text noch einmal ganz persönlich auf sich wirken zu lassen und, wenn Sie möchten, persönliche Anliegen anzusprechen. Dieser Austausch und das gemeinsame Gebet füreinander dienen ganz entscheidend dem Zusammenwachsen und dem Aufbau einer tragfähigen Gemeinschaft.

Die *Mindestzeitangaben* sind für Gruppen gedacht, die nur eine Stunde zur Verfügung haben. Wenn Sie mehr Zeit haben, verlängern Sie die angegebenen Zeiten einfach entsprechend.

Einführung: Die Apostelgeschichte

Die Apostelgeschichte ist ein besonderes Buch. In einem weiten Erzählbogen überspannt sie gut 30 Jahre Geschichte der frühen Christenheit. Sie beginnt mit den letzten Tagen Jesu auf der Erde nach seiner Auferstehung und endet mit der leichten Haft, der sich der Apostel Paulus in Rom unterwerfen musste. 30 Jahre – in so einer Zeit passiert allerhand, und manchmal entwickeln die Dinge sich anders, als die Beteiligten gedacht oder gewollt haben.

Die Apostelgeschichte als Geschichtsbuch

Die Apostelgeschichte ist ein besonderes Buch, weil sich ihr Autor Lukas von anderen Autoren des Neuen Testaments unterscheidet. Er versteht sich als Geschichtsschreiber der frühen Christenheit. So stellt er sich dem uns unbekannten Theophilus vor, dem er seine beiden Bücher widmet (vgl. Lk 1,1-4; Apg 1,1-3). Er hat ein Evangelium geschrieben, um alles von Jesus zu erzählen, was er von anderen gehört oder gelesen hat. Das haben auch Matthäus, Markus und Johannes getan – aber nur Lukas schreibt eine Fortsetzung: die Apostelgeschichte. Die Geschichte Jesu geht nämlich weiter als Geschichte der Kirche.

Der eine oder andere mag an dieser Stelle den Kopf schütteln. Kann man die (nicht immer glorreiche) Geschichte der Kirche wirklich mit der großartigen Geschichte des Herrn und Heilands Jesus Christus in einem Atemzug nennen? Man kann, sagt Lukas. Und warum?

Derselbe Heilige Geist, der dafür gesorgt hat, dass der Sohn Gottes Mensch wurde, hat an Pfingsten von der kleinen Schar Jesusanhänger Besitz ergriffen und so die erste Gemeinde und damit die Kirche Jesu Christi geschaffen. Darum!

Der Heilige Geist schafft die Kontinuität zwischen der Weltkirche und ihrem Herrn. Das herauszustellen, ist ein Grundanliegen von Lukas. Der Geist, der Jesus bei seiner Taufe erfüllt hat, erfüllt auch die Christen. Der Geist, der Jesus bevollmächtigt hat, bevollmächtigt auch die Christen.

Wir sehen: Wer sich mit Lukas befasst, muss lernen, groß zu denken.

Verschaffen wir uns einen Überblick. Lukas berichtet von den letzten Tagen des auferstandenen Jesus mit seinen Jüngern. Jesus macht ihnen klar, dass er zu Gott, dem Vater, gehen wird, aber sie werden vom Heiligen Geist erfüllt werden. Dann werden sie seine Zeugen sein in Judäa, Samaria und bis an die Enden der Erde. Genau so baut Lukas sein Buch auf. Er berichtet von der Entstehung der Urgemeinde in Jerusalem, ihrem Gemeindeleben und ihren ersten Problemen. Dann kommt das Evangelium von Jesus nach Samarien, einem aufgrund seiner Geschichte, seiner Bevölkerung und seiner Religiosität von Juden eher gemiedenen Landstrich. Der Heilige Geist führt Philippus auf eine einsame Straße, wo sich die Gelegenheit ergibt, einem Afrikaner das Evangelium zu erzählen. Petrus bekommt zu seiner nicht geringen Überraschung Kontakt zur römischen Welt.

Doch mit der Ausbreitung des Evangeliums geht auch ein wachsender Widerstand einher. Die junge Kirche muss lernen, dass Misstrauen, Verhöre, Verhaftungen, Gefängnis, ja sogar der Tod zum Christenleben gehören können. Und dennoch – ausgerechnet einer der fanatischsten Verfolger wird Christ. Die

Rede ist vom Völkerapostel Paulus, dessen Wirken in der Apostelgeschichte den größten Raum einnimmt. Lukas berichtet ausführlich von den Missionsreisen des Paulus und seiner Begleiter, zu denen Lukas teilweise selbst gehört hat. Die Apostelgeschichte endet damit, wie Paulus als Gefangener ins Zentrum der antiken Welt, nach Rom, kommt. Den Hausarrest, dem er dort unterliegt, nutzt er für zahlreiche Gespräche und Kontakte.

Die Frohe Botschaft überschreitet Grenzen

Das Evangelium überschreitet Grenzen: geografische, sprachliche und kulturelle Grenzen. Aber auch innere Grenzen, Grenzen des Denkens müssen überwunden werden. Um das zu verstehen, müssen wir ein wenig ausholen.

Israel war damals Teil des großen Römischen Reichs. In Rom sprach man natürlich Lateinisch, aber vor allem im östlichen Mittelmeerraum war Griechisch die verbindende Sprache unter den Völkern. Die Griechen hatten schon lange, bevor die Römer ihr Reich ausbauten, Kolonien im ganzen Mittelmeerraum gegründet. Ihre Kultur (denken wir nur an die großen Philosophen und Mathematiker!) durchdrang die Kulturen der verschiedenen Völker. Was heute für die Welt die westliche Zivilisation bedeutet, war damals die hellenistische Kultur. Man orientierte sich an ihr.

Es gab aber Ausnahmen. Gerade die Juden hatten mit dieser Kultur auch schlechte Erfahrungen gemacht. Vor allem ihre religiöse Praxis, das jüdische Leben mit seinen zahllosen für Nichtjuden nur schwer verständlichen Vorschriften darüber, was als rein und unrein gilt, wirkten vor dem Hintergrund des „modernen" Hellenismus antiquiert und vor allem trennend. Auf jüdischer Seite bewirkte diese Kritik am Judentum einen wachsenden Konservativismus, vor allem in Israel selbst. Man wollte die eigene Religion vor Überfremdung schützen.

Jesus war Jude gewesen und hatte auf jüdische Weise gelebt. Für viele der ersten Christen schien es darum nur natürlich zu sein, dass Nichtjuden, wenn sie sich der Jesusgemeinde anschließen wollten, auch Juden werden mussten. Die Männer sollten sich also beschneiden lassen, und selbstverständlich sollten auch für alle die jüdischen Reinheitsgebote gelten.

Wir wissen, dass Paulus hier völlig anders dachte. Im Galaterbrief und im Römerbrief hat er seine Gedanken theologisch begründet. *Der Glaube an Jesus Christus allein genügt, um für die Ewigkeit gerettet zu sein.* Das führte zu einem scharfen Konflikt mit den Konservativen in der Jerusalemer Urgemeinde. Es war eine der großen Leistungen der frühen Christenheit, dass sie an diesem Konflikt nicht gescheitert ist, sondern dem „gesetzesfreien" Evangelium Raum gewährte. Lukas berichtet davon (Apg 15,1ff).

Lukas erzählt, wie Paulus unermüdlich und mit beachtlichem Erfolg die Länder im östlichen Mittelmeerraum bereist, Gemeinden gründet und für sie Sorge trägt. Aber auch Paulus findet nicht nur offene Türen. Seien es heidnische Religionsvertreter, römische Behörden oder konservative Juden, er erfährt viel Widerstand. Als er schließlich nach Jerusalem reist, wird er dort als Tempelschänder verhaftet. Die römischen Behörden lassen sich mit dem Prozess gegen ihn Zeit. Er appelliert an das kaiserliche Gericht und wird schließlich nach Rom gebracht. Außerbiblische Quellen lassen uns annehmen, dass Paulus (wie auch Petrus) dort während der Christenverfolgung durch Kaiser Nero in den 60er-Jahren des 1. Jahrhunderts ums Leben gekommen ist.

Lukas als Schriftsteller

Wenn wir Lukas einen Geschichtsschreiber genannt haben, so müssen wir uns klarmachen, dass wir heute darunter etwas anderes verstehen als die Menschen der hellenistischen Antike. Wir erwarten heute möglichst präzise Angaben: „Dies geschah am Soundsovielten des Monats X im Jahr Y." Aber so lief das damals nicht. Ob Paulus groß war oder Petrus eine Glatze hatte, werden wir in dieser Welt nicht erfahren. Die antiken Autoren sagen uns das nicht.

Dennoch ist Lukas einer der Großen unter den Autoren des Neuen Testaments. Er ist ein glänzender Erzähler, ein guter Beobachter und hat ein feines Gespür für die jeweilige Situation. Er ist auch ein Meister der Sprache. Wenn er Petrus in Jerusalem predigen lässt (vgl. Apg 2,14ff), hat sein Griechisch einen semitischen Hauch. Man merkt also, hier spricht einer, dessen Muttersprache Hebräisch oder Aramäisch, aber nicht Griechisch war. Lässt er Paulus mit den Philosophen in Athen diskutieren (Apg 17,16-34), nähert sich sein Stil dem klassischen Hochgriechisch an. Leider lässt sich das in eine deutsche Übersetzung kaum übertragen.

Von Konflikten in der Gemeinde spricht Lukas offen und doch in vornehmer Zurückhaltung. Er bemüht sich, allen gegenüber fair zu sein. Für einen Nichtjuden hat er gute Kenntnisse der jüdischen Welt, und vor allen Dingen bringt er gegenüber der jüdischen Wurzel seines Glaubens hohen Respekt auf. Er versteht das Alte Testament durch und durch heilsgeschichtlich: Was mit der Berufung Abrahams begann (1 Mo 12,1-3), findet seine Erfüllung in Jesus, dem Heiland der Welt.

Lukas war Arzt (Kol 4,14) und hat zeitweise Paulus auf seinen Reisen begleitet (siehe das „wir" in Apg 16,10 und anderswo). Ihm setzt er mit seinem Buch ein Denkmal. Dennoch ist er ein eigenständiger Theologe mit einer eigenen Sicht der Dinge.

Wann er sein Buch geschrieben hat, lässt sich nur schwer sagen. Die Meinungen der Neutestamentler gehen hier zum Teil weit auseinander. Auf alle Fälle blickt Lukas schon auf einen Teil Kirchengeschichte zurück und damit auf Entwicklungen und Krisen. Ihm ist es wichtig, die Kirche (und damit sind auch wir heute gemeint) an ihre Anfänge zu erinnern. Ohne Heiligen Geist gibt es keine Kirche, und wo sie sich seinem Leiten entzieht, entzieht sie sich dem Herrn Jesus Christus.

Das Leben der Gemeinden mag unterschiedliche Formen haben, aber an der Urgemeinde lässt sich zeigen, worauf es im Leben der Christen ankommt. So ist die Apostelgeschichte gerade für uns Menschen des 21. Jahrhunderts ein wichtiges und hochaktuelles Buch.

Die Apostelgeschichte ist randvoll mit spannenden Geschichten. Die hier getroffene Textauswahl soll verdeutlichen, warum sich der Glaube an Jesus Christus trotz aller Widerstände so dynamisch verbreitete.

Haben Sie Lust bekommen, dieses Buch zu lesen und gemeinsam mit Ihrer Gruppe spannende Entdeckungen zu machen? Also dann – auf geht's!

Der Sturm Gottes

1

Apostelgeschichte 2,1-41 in Auszügen

EINSTIEG

(15–20 Minuten) Wählen Sie bitte eine oder zwei Fragen aus.

1. Haben Sie schon einmal etwas erlebt, was Ihr Leben völlig verändert hat?
2. Was bedeutet Ihnen Pfingsten? Feiern Sie es?
3. Was fällt Ihnen ein, wenn Sie das Wort „Heiliger Geist“ hören?
4. Was kann Sie be*geist*ern?

BIBELTEXT

Die Ausgießung des Heiligen Geistes an Pfingsten

1 Schließlich kam das Pfingstfest. Auch an diesem Tag waren sie alle wieder am selben Ort versammelt. 2 Plötzlich setzte vom Himmel her ein Rauschen ein wie von einem gewaltigen Sturm; das ganze Haus, in dem sie sich befanden, war von diesem Brausen erfüllt. 3 Gleichzeitig sahen sie so etwas wie Flammenzungen, die sich verteilten und sich auf jeden Einzelnen von ihnen niederließen. 4 Alle wurden mit dem Heiligen Geist erfüllt, und sie begannen, in fremden Sprachen zu reden; jeder sprach so, wie der Geist es ihm eingab.

5 Wegen des Pfingstfestes hielten sich damals fromme Juden aus aller Welt in Jerusalem auf. 6 Als nun jenes mächtige Brausen vom Himmel einsetzte, strömten sie in Scharen zusammen. Sie waren zutiefst verwirrt, denn jeder hörte die Apostel und die, die bei ihnen waren, in seiner eigenen Sprache reden. 7 Fassungslos riefen sie: „Sind das nicht alles Galiläer, die hier reden? 8 Wie kommt es dann, dass jeder von uns sie in seiner Muttersprache reden hört? 9 Wir sind Parther, Meder und Elamiter; wir kommen aus Mesopotamien und aus Judäa, aus Kappadozien, aus Pontus und aus der Provinz Asien, 10 aus Phrygien und Pamphylien, aus Ägypten und aus der Gegend von Zyrene in Libyen. Sogar aus Rom sind Besucher hier, 11 sowohl solche, die von Geburt Juden sind, als auch Nichtjuden, die den jüdischen Glauben angenommen haben. Auch Kreter und Araber befinden sich unter uns. Und wir alle hören sie in unseren eigenen Sprachen von den wunderbaren Dingen reden, die Gott getan hat!“ 12 Alle waren außer sich vor Staunen. „Was hat das zu bedeuten?“, fragte einer den anderen, aber keiner hatte eine Erklärung dafür. 13 Es gab allerdings auch einige, die sich darüber lustig machten. „Die haben zu viel süßen Wein getrunken!“, spotteten sie.

Die Rede des Apostels Petrus vor Juden aus aller Welt: Erklärung des Geschehenen ...

14 Jetzt trat Petrus zusammen mit den elf anderen Aposteln vor die Menge. Mit
lauter Stimme erklärte er: „Ihr Leute von Judäa und ihr alle, die ihr zurzeit hier
in Jerusalem seid! Ich habe euch etwas zu sagen, was ihr unbedingt wissen
müsst. Hört mir zu! 15 Diese Leute hier sind nicht betrunken, wie ihr vermutet.
Es ist ja erst neun Uhr morgens. 16 Nein, was hier geschieht, ist nichts anderes
als die Erfüllung dessen, was Gott durch den Propheten Joel angekündigt hat.

17 ‚Am Ende der Zeit', so sagt Gott,
‚werde ich meinen Geist über alle Menschen ausgießen.
Dann werden eure Söhne und eure Töchter prophetisch reden;
die Jüngeren unter euch werden Visionen haben und die Älteren prophetische Träume.
18 Sogar über die Diener und Dienerinnen, die an mich glauben,
werde ich in jener Zeit meinen Geist ausgießen,
und auch sie werden prophetisch reden.
19 Sowohl droben am Himmel als auch unten auf der Erde werde ich Wunder geschehen lassen, und es werden furchterregende Dinge zu sehen sein:
Blut und Feuer und dichte Rauchwolken.
20 Die Sonne wird sich verfinstern,
und der Mond wird rot werden wie Blut,
bevor jener große Tag kommt,
an dem der Herr in seiner Herrlichkeit erscheint.'
21 Jeder, der dann den Namen des Herrn anruft,
wird gerettet werden."

... Bezeugung der Auferstehung von Jesus Christus

22 „Ihr Leute von Israel, hört her! Bei dem, was wir euch zu sagen haben,
geht es um Jesus von Nazaret. Durch diesen Mann hat Gott – wie ihr alle
wisst – in eurer Mitte mächtige Taten vollbracht, Wunder gewirkt und außergewöhnliche Dinge getan. Damit hat er ihn euch gegenüber als seinen
Gesandten bestätigt. 23 Was dann geschah, wusste Gott schon lange im Voraus; er selbst hatte es so geplant: Jesus wurde verraten und an euch ausgeliefert, und ihr habt ihn durch Menschen, die nichts vom Gesetz Gottes
wissen, ans Kreuz schlagen und töten lassen. 24 Doch Gott hat ihn aus der
Gewalt des Todes befreit und hat ihn auferweckt; es zeigte sich, dass der
Tod keine Macht über ihn hatte und ihn nicht festhalten konnte. [...]

36 Es steht also unzweifelhaft fest, und ganz Israel soll es erkennen: Gott
hat Jesus zum Herrn und Messias gemacht – den Jesus, den ihr gekreuzigt
habt."

... *Aufruf zur Umkehr*

37 Die Zuhörer waren von dem, was Petrus sagte, bis ins Innerste getroffen.
„Was sollen wir jetzt tun, liebe Brüder?“, fragten sie ihn und die anderen
Apostel. 38 „Kehrt um“, erwiderte Petrus, „und jeder von euch lasse sich auf
den Namen von Jesus Christus taufen! Dann wird Gott euch eure Sünden ver-
geben, und ihr werdet seine Gabe, den Heiligen Geist, bekommen. 39 Denn
diese Zusage gilt euch und euren Nachkommen und darüber hinaus allen
Menschen auch in den entferntesten Ländern – allen, die der Herr, unser
Gott, zu seiner Gemeinde rufen wird.“ 40 Mit diesen und noch vielen ande-
ren Worten bezeugte Petrus ihnen das Evangelium; eindringlich ermahnte
er sie: „Diese Generation ist auf dem Weg ins Verderben! Lasst euch retten
vor dem Gericht, das über sie hereinbrechen wird!“

41 Viele nahmen die Botschaft an, die Petrus ihnen verkündete, und lie-
ßen sich taufen. Durch Gottes Wirken wuchs die Gemeinde an diesem Tag
um etwa dreitausend Personen.

BIBELGESPRÄCH

(30–40 Minuten)
Wählen Sie ggf. unter den Fragen aus.

1. Welche Bilder werden im Text für den Heiligen Geist verwendet? Fallen Ihnen noch weitere ein? Welche Aussage treffen diese Bilder über den Heiligen Geist?

2. Der Joel-Text (ab Vers 17) enthält Hinweise auf den „Tag des Herrn“. Vergleichen Sie Apg 2,19-21 mit Lk 21,25-28. Im ersten Jahrhundert glaubten viele Juden, dass das Ende der Welt nahe sei.

3. Welche Aussage des Petrus über Jesus spricht Sie persönlich am meisten an? Warum?

4. Welche Aussagen des Petrus über Jesus dürften die damaligen Zuhörer am meisten schockiert haben?

5. Lesen Sie 1 Mo 11,1-9 und vergleichen Sie den Text mit Apg 2,6-11. Ist die Sprachenverwirrung in Babel nur Strafe oder schützt sie die Menschen auch? Wovor? Was bewirkt Gott mit dem Sprachenwunder in Jerusalem?

AUSTAUSCH

(15–30 Minuten) Wählen Sie ggf. unter den Fragen aus. Sie können das Gespräch mit einem gemeinsamen Gebet abschließen. Fragen, die nicht in der Gruppe thematisiert werden, können Ihnen auch als Anstoß dienen, zu Hause den Text vertiefend zu betrachten.

1. Haben Sie schon einmal um den Heiligen Geist gebeten (vgl. Lk 11,13)? Warum? Warum nicht?

2. Der **BIBELTEXT** hat gezeigt, dass der Heilige Geist unterschiedliche Menschen verbinden und zu einer Gemeinschaft machen kann. Gibt es in Ihrer Umgebung oder in Ihrer Gemeinde eine Situation, wo der Heilige Geist Menschen zueinanderbringen müsste? Beten Sie dafür!

3. Erinnern Sie sich an eine Predigt, die Sie tief bewegt und dazu geführt hat, dass Sie etwas in Ihrem Leben verändert haben? Erzählen Sie davon!

4. Freuen Sie sich über Ihre Gemeinde? Warum?

ERLÄUTERUNGEN

Zusammenfassung: Von allen Kapiteln der Apostelgeschichte ist dieses vielleicht das wichtigste. Das 1. Kapitel hat darauf vorbereitet, was hier geschieht. Der Heilige Geist kommt auf die Jünger herab. Sie fangen an, in aller Öffentlichkeit von Jesus zu reden. Das ist keineswegs ungefährlich. Erst vor rund sieben Wochen hatte man Jesus als Verbrecher gekreuzigt.

Bei dieser Verkündigung geschieht ein Sprachenwunder. In ihrer Begeisterung sprechen die Jünger in unterschiedlichen Sprachen. Das erweckt Bestürzung und Aufmerksamkeit.

In das Erstaunen und Diskutieren hinein erhebt Petrus seine Stimme und fängt an zu predigen. Er verkündigt Jesus als Herrn und Retter. Am Ende der Predigt sind viele Menschen betroffen und lassen sich taufen. Die erste Gemeinde entsteht.

Der letzte Abschnitt von Apg 2 erzählt vom Leben und den Kennzeichen dieser Gemeinde. (Das wird im 2. Kapitel dieses Hefts gesondert behandelt.)

Für Petrus' Zuhörer ist Jesus zunächst nur ein von den Römern gekreuzigter Verbrecher. Petrus will sie davon überzeugen, dass er der verheißene Messias ist. Eine schwere Predigtaufgabe! Da er es mit Juden zu tun hat, kann und muss er in seinen Argumenten auf das Alte Testament zurückgreifen. Wenigstens eine ungefähre Kenntnis des Alten Testaments kann er bei seinen Zuhörern voraussetzen. Es lohnt sich, genau darauf zu achten, wie Petrus argumentiert und wie er mit den Texten umgeht.

2,1. Schließlich kam das Pfingstfest. Auch an diesem Tag waren sie alle wieder am selben Ort versammelt. Gemeint ist das jüdische „Wochenfest" (hebr. Schavuoth), das 50 Tage (50 = griech.: pentekoste à „Pfingsten") nach dem Passahfest gefeiert wird. Am Wochenfest feiern die Juden die erste Ernte; außerdem gedenken sie der Gesetzgebung durch Gott am Sinai.

2,2-4. Plötzlich setzte vom Himmel her ein Rauschen ein wie von einem gewaltigen Sturm; das ganze Haus, in dem sie sich befanden, war von

diesem Brausen erfüllt. Gleichzeitig sahen sie so etwas wie Flammenzungen, die sich verteilten und sich auf jeden Einzelnen von ihnen niederließen. Alle wurden mit dem Heiligen Geist erfüllt, und sie begannen, in fremden Sprachen zu reden; jeder sprach so, wie der Geist es ihm eingab. Nur mit Ehrfurcht und Zurückhaltung kann man beschreiben, was hier geschah. Jesu Verheißung (Apg 1,8) wird wahr. Der Heilige Geist kommt, die Kirche Jesu Christi wird geboren. Lukas benutzt starke Bilder (Sturm, Flammenzungen), um das Geschehen anschaulich zu machen. In der Tat: Wo Sturm und Feuer einmal darübergegangen sind, ist nichts mehr so, wie es vorher war. Die Jünger sind (in jeder Hinsicht des Worts) ergriffen. Es ist zugleich der Anfang eines geschichtlichen Prozesses, der bis heute andauert und weitergehen wird bis zum Jüngsten Tag: An jenem Pfingsttag wurde Jesus erstmals öffentlich als Retter verkündigt. Das wird bis zur Wiederkehr Jesu nicht aufhören, und der Heilige Geist wird bis dahin Menschen zum Glauben führen (vgl. 1 Kor 12,3).

2,5-11. **Wegen des Pfingstfestes hielten sich damals fromme Juden aus aller Welt in Jerusalem auf. … „Und wir alle hören sie in unseren eigenen Sprachen von den wunderbaren Dingen reden, die Gott getan hat!“** Das Wochenfest war (wie auch das Passahfest und das Laubhüttenfest) ein Pilgerfest, an dem man den Tempel besuchte; darum die große Zahl an Auslandsjuden. Doch das Sprachenwunder von Pfingsten will nicht erklärt, sondern verstanden werden: Gott führt sein Volk zusammen. Menschen aus aller Welt sollen die Botschaft hören. Was die Menschen trennt, überbrückt der Heilige Geist. Er führt sie zum gemeinsamen Lob Gottes.

2,13. **Es gab allerdings auch einige, die sich darüber lustig machten. „Die haben zu viel süßen Wein getrunken!“, spotteten sie.** Es gibt sie immer und überall, die Leute, die mit einem spöttischen oder ignoranten Spruch dabei sind, wenn es in der Religion einmal etwas lauter oder ungewohnt zugeht. Es wird gut sein, wenn man als Christ in einer solchen Situation nicht zu empfindlich ist und auch nicht empfindlich reagiert. Wenn es die Situation erlaubt, kann man versuchen zu erklären. Ansonsten ist es besser, im Stillen für diese Menschen zu beten. – Wir leben heute in einer Gesellschaft, in der viele Menschen keinerlei religiöse Erfahrungen haben und die Verbindung von Glauben und Emotion nicht selten auch Angst hervorruft.

2,16. **„Nein, was hier geschieht, ist nichts anderes als die Erfüllung dessen, was Gott durch den Propheten Joel angekündigt hat.“** Die Erfüllung mit dem Heiligen Geist war für die frühe Christenheit das klare Zeichen dafür, dass jetzt die „letzte Zeit“ angebrochen war, wie von den Propheten angekündigt. Im Alten Testament sind es einzelne Personen, die mit dem Heiligen Geist erfüllt wurden.

Dass jeder Gläubige den Heiligen Geist empfängt, war außerdem der klare Beweis, dass Jesus der Christus, der Messias ist. Johannes hatte mit Wasser getauft, Jesus taufte mit dem Heiligen Geist (Lk 3,16; Apg 1,5).

Petrus konnte bei seinen Zuhörern die Kenntnis des Propheten Joel voraussetzen. Sie sind Juden und kennen das Alte Testament, und sie leben in einer Zeit, in der viele Juden auf den Messias warteten. Das heißt, sie waren sensibel für Bibelstellen, die „messianisch“ verstanden werden konnten. Ob sie die Deutung des ihnen fremden Geschehens mithilfe der Joel-Prophetie akzeptieren konnten?

2,17-21. **‚Am Ende der Zeit‘, so sagt Gott, ‚werde ich meinen Geist über alle Menschen ausgießen. … Jeder, der dann den Namen des Herrn anruft, wird gerettet werden.‘“** Wenn Sie den Text aus dem Buch Joel, den Petrus hier zitiert, im Alten Testament nachschlagen, werden Sie feststellen, dass einige Sätze etwas anders sind. Erschrecken Sie nicht! Das hat damit zu tun, dass hier in Apg 2 aus der „Septuaginta“, einer griechischen Übersetzung des Alten Testaments, zitiert wird. Die Septuaginta war für viele griechisch sprechende Juden ihr Altes Testament. Zwischen dem (uns bekannten) hebräischen Alten Testament und der Septuaginta gibt es aber stellenweise gewisse Unterschiede. Das kann Ihnen bei der Lektüre des Neuen Testamentes durchaus öfter passieren.

2,22-24. „Ihr Leute von Israel, hört her! Bei dem, was wir euch zu sagen haben, geht es um Jesus von Nazaret. Durch diesen Mann hat Gott – wie ihr alle wisst – in eurer Mitte mächtige Taten vollbracht, Wunder gewirkt und außergewöhnliche Dinge getan. ... Was dann geschah, wusste Gott schon lange im Voraus; er selbst hatte es so geplant: Jesus wurde verraten und an euch ausgeliefert, und ihr habt ihn durch Menschen, die nichts vom Gesetz Gottes wissen, ans Kreuz schlagen und töten lassen. Doch Gott hat ihn aus der Gewalt des Todes befreit und hat ihn auferweckt ..." Petrus muss jetzt auf Jesus zu sprechen kommen. Auffällig, wie stark er die **Taten, die außergewöhnlichen Dinge und Wunder** betont. Die Wunderskepsis heutiger Christen war Petrus bzw. Lukas fremd. Auch damit will Petrus beweisen, dass Jesus der Messias ist. Man lese einmal zum Vergleich Lk 7,18-23, wo Johannes der Täufer fragt, ob Jesus der erwartete Retter sei. Jesus antwortet mit dem Hinweis auf seine **Taten**.

Dann spricht Petrus vom „göttlichen Muss" des Todes Jesu, ohne dass dies näher ausgeführt wird. Der Höhepunkt dieses Gedankengangs ist natürlich die Auferstehung Jesu.

Petrus' Aussage ist in den Ohren der Zuhörer mindestens so herausfordernd und fragwürdig wie die Aussage, eben sei der Heilige Geist zu den Jüngern gekommen. Hat Petrus das mithilfe des Propheten Joel gedeutet, so benutzt er in den folgenden (hier nicht abgedruckten) Versen Psalmenzitate, um die Rede von der Auferstehung Jesu zu erklären.

Die Psalmen waren und sind das Gebetbuch Israels. Also auch hier – und hier erst recht – kann Petrus bei seinen Hörern Kenntnisse voraussetzen. Dass er damit in seiner ganzen Predigt Texte „aus den Schriften und Propheten" zitiert, ist für seine Zuhörer wichtig, denn das entsprach den Erwartungen, die man damals an eine gute Predigt hatte. (Auch Paulus argumentiert immer wieder mit solchen Schriftbeweisen.) In den Versen 33-35 verbindet Petrus die Geistausgießung mit der Erhöhung Christi im Himmel und verknüpft das geschickt mit einem Zitat aus Ps 110. Petrus macht David so zum Zeugen Christi.

2,36-39. Es steht also unzweifelhaft fest, und ganz Israel soll es erkennen: Gott hat Jesus zum Herrn und Messias gemacht – den Jesus, den ihr gekreuzigt habt. ... „Kehrt um", erwiderte Petrus, „und jeder von euch lasse sich auf den Namen von Jesus Christus taufen! Dann wird Gott euch eure Sünden vergeben, und ihr werdet seine Gabe, den Heiligen Geist, bekommen." Nun gelangt Petrus auf die „Zielgerade" seiner Predigt: Weil Jesus der Herr ist, sind die Menschen zur Umkehr zu Gott aufgerufen. Glaube und Taufe reinigen die Menschen von ihrer Sünde. Dann werden auch sie den Heiligen Geist empfangen und im Endgericht gerettet.

Petrus spürt zwar die Betroffenheit vieler Menschen, aber der Aufruf zu Umkehr und Glaube ist eine gewaltige Herausforderung. Wie werden die Menschen reagieren? „Schauen wir mal." – „Bloß nichts überstürzen." – „Das will gut überlegt sein." – „Erst mal drüber schlafen." – „Darüber muss ich erst noch mal nachdenken." Der Heilige Geist hat sich schon viele Ausreden anhören müssen, wenn er an ein Herz geklopft hat.

2,41. Viele nahmen die Botschaft an, die Petrus ihnen verkündete, und ließen sich taufen. Petrus' Predigt hat eingeschlagen! Eine große Anzahl von Menschen ließ sich überzeugen. Das ist nicht immer so. Wir werden noch einen Text lesen, wo Paulus sich mit „einer Handvoll" Bekehrter begnügen muss.

Haben wir heute noch den Glauben, dass sich Menschen bei unseren Predigten bekehren? Und predigen wir Bekehrung? Man kann heutzutage diesbezüglich eine merkwürdige Scheu beobachten. Andererseits ist das auch nicht einfach. Menschen zu einer Umkehr zu rufen, bedeutet ja immer auch zu sagen: „Ihr habt es nötig." Aber wer lässt sich schon gern einen Sünder nennen? Wie können wir Menschen für den Glauben und für eine Umkehr zu Gott gewinnen?

Der bekannte württembergische Pfarrer Christoph Blumhardt (1842–1919) sagte einmal: „Nennt die Menschen nicht immer nur Sünder. Sie sind Gequälte." Vielleicht steckt in diesem Gedanken die Brücke hin zu anderen.

Eine lebendige Gemeinde

2

Apostelgeschichte 2,42-47

EINSTIEG
(15–20 Minuten)
Wählen Sie bitte eine oder zwei Fragen aus.

1. An manchen Einfahrtstraßen zu Orten finden wir Hinweise auf Kirchen und Gottesdienstzeiten. Was halten Sie davon?

2. Was ist Ihnen am Gemeindeleben am wichtigsten? Was darf in einer guten Gemeinde nicht fehlen?

3. Haben Sie gern ein offenes Haus und viele Gäste um den Tisch? Warum? Warum nicht?

4. Miteinander beten – manchen Leuten fällt das nicht leicht. Und Ihnen?

5. „Mir reicht das, wenn ich an Weihnachten zur Kirche gehe." Was halten Sie von diesem Satz?

BIBELTEXT

Leben und Zusammenhalt der ersten Christen

42 Was das Leben der Christen prägte, waren die Lehre, in der die Apostel sie unterwiesen, ihr Zusammenhalt in gegenseitiger Liebe und Hilfsbereitschaft, das Mahl des Herrn und das Gebet.

43 Jedermann in Jerusalem war von einer tiefen Ehrfurcht vor Gott ergriffen, und durch die Apostel geschahen zahlreiche Wunder und viele außergewöhnliche Dinge. 44 Alle, die an Jesus glaubten, hielten fest zusammen und teilten alles miteinander, was sie besaßen. 45 Sie verkauften sogar Grundstücke und sonstigen Besitz und verteilten den Erlös entsprechend den jeweiligen Bedürfnissen an alle, die in Not waren. 46 Einmütig und mit großer Treue kamen sie Tag für Tag im Tempel zusammen. Außerdem trafen sie sich täglich in ihren Häusern, um miteinander zu essen und das Mahl des Herrn zu feiern, und ihre Zusammenkünfte waren von überschwänglicher Freude und aufrichtiger Herzlichkeit geprägt. 47 Sie priesen Gott bei allem, was sie taten, und standen beim ganzen Volk in hohem Ansehen. Und jeden Tag rettete der Herr weitere Menschen, sodass die Gemeinde immer größer wurde.

BIBELGESPRÄCH

(30–40 Minuten) Wählen Sie ggf. unter den Fragen aus.

1. Nehmen Sie sich Zeit, die in Vers 42 genannten Punkte zu bedenken. Welchen Stellenwert nehmen sie in Ihrem Gemeindeleben ein? Wie wichtig sind sie Ihnen persönlich?

2. Wie lebten die ersten Christen Gemeinschaft?

3. Warum war die Arbeit der Apostel wohl wichtig?

4. Woran, meinen Sie, liegt es, dass die Urgemeinde so fröhlich war, gerne teilte und in enger Gemeinschaft lebte?

AUSTAUSCH

(15–30 Minuten) Wählen Sie ggf. unter den Fragen aus. Sie können das Gespräch mit einem gemeinsamen Gebet abschließen.

1. Was bedeutet Ihnen das Abendmahl?

2. Wenn es etwas gäbe, was Sie in Ihrer Gemeinde ändern könnten, was wäre es? Beten Sie für Ihre Gemeinde und für notwendige Änderungen.

3. Was antworten Sie einem Menschen, der sagt: „Christ sein kann ich auch im stillen Kämmerlein"?

ERLÄUTERUNGEN

Zusammenfassung: Die folgenden Verse stellen ein „Summarium" dar, also so etwas wie eine Zusammenfassung. Summarien sind für die Evangelisten ein – nennen wir es – literarisches Stilmittel. Wir neigen dazu, solche Texte rasch zu überfliegen, um möglichst schnell zur nächsten „richtigen" Geschichte zu kommen. Aber damit täte man den Summarien unrecht. In den Evangelien und in der Apostelgeschichte beschreiben sie die für die entsprechenden Personen typischen Handlungsweisen und unterstreichen deren Bedeutung. Lukas hat mit diesem Summarium also eine pädagogische Absicht. Er möchte uns sagen: „Schaut her! So wie in Jerusalem muss Gemeinde aussehen."

2,42. Was das Leben der Christen prägte, waren die Lehre, in der die Apostel sie unterwiesen, ihr Zusammenhalt in gegenseitiger Liebe und Hilfsbereitschaft, das Mahl des Herrn und das Gebet. Was hier mit regelmäßig wiedergegeben wird, heißt in der Lutherbibel: „Sie blieben aber beständig in der Lehre ..." Es gibt kein Christsein ohne Beständigkeit! Doch vielleicht sollten wir besser von unserem „Christwerden" sprechen als von unserem Christsein. Es ist ja nicht so, dass wir von heute auf morgen plötzlich „in Ordnung" sind und alles vom Christsein wissen. Zwar werden wir „von heute auf morgen" Gottes Kinder. Aber wie Kinder erwachsen werden müssen (und das geht nicht ohne Lernen und Wachstumsschmerzen!), sollen auch wir mündige Christen werden. Der Heilige Geist will unseren Charakter verbessern. Das geht eben nicht im Handumdrehen. Beständigkeit heißt, Gott in seiner Treue und beständigen Liebe an uns wirken zu lassen. Und auch für uns gilt es, „dranzubleiben“ und nicht nur dann am Gemeindeleben teilzunehmen, wenn wir gerade Lust dazu haben, vgl. Hebr 10,23-25.

Lukas zählt in diesem Vers die wesentlichen Elemente des christlichen Glaubens auf.

1. **Die Lehre.** Natürlich besteht Glauben in allererster Linie darin, Gott zu vertrauen. Aber wir vertrauen nicht irgendeinem Gott oder irgendeiner „höheren Macht“, sondern dem Gott der Bibel. In ihr steht, was wir unbedingt über Gott wissen müssen. Wir glauben an einen Gott, der sich offenbart. Selbstverständlich sind Gottes Gedanken nicht unsere Gedanken (vgl. Jes 55,8+9), und Gott wird immer unser Denk- und Fassungsvermögen übersteigen. Aber Denken und Wissen sind Gaben Gottes an den Menschen. Er soll im Glauben und Verstehen wachsen. Dazu braucht es Lehre.

Der mittelalterliche Theologe Anselm von Canterbury sprach sehr schön von der fides quaerens intellectum, vom „Glauben, der nach Einsicht sucht“. Im Nachdenken über Gott und sein Wort soll der Mensch fähig werden, seinen Glauben im Alltag zu bewähren. Die Bedeutung solider christlicher Lehre kann nicht hoch genug eingeschätzt werden.

2. **Zusammenhalt in gegenseitiger Liebe und Hilfsbereitschaft (Gemeinschaft).** Der Heilige Geist schließt im Glauben unterschiedliche Menschen zu einer Gemeinschaft zusammen, damit sie gemeinsam wachsen und gemeinsam am Reich Gottes bauen können. Jede Gemeinschaft will gepflegt sein, soll sie Bestand haben. Und da es keine menschliche Gemeinschaft ohne Konflikte gibt, gilt das erst recht. Das kostet Zeit! Man muss sie sich nehmen. Man lernt voneinander; das ist die Verheißung einer Gemeinschaft.

3. **Das Mahl des Herrn.** In der Frühzeit des Christentums gingen Abendessen und „Abendmahl“, also die eucharistische Gemeinschaft, meist ineinander über. Das Sakrament war Teil des Alltagslebens, wie denn überhaupt Alltag und Gemeindeleben für diese Christen untrennbar zusammengehörten. Im Abendmahl erfährt die Gemeinde die Gemeinschaft mit dem auferstandenen Jesus und untereinander. Sie wird daran erinnert, dass sie die Gemeinde der begnadigten Sünder ist. Beim Abendmahl sind alle vor dem Herrn gleich.

4. **Das Gebet.** Beten – im stillen Kämmerlein wie in Gemeinschaft – stellt die lebendige Verbindung zu Gott her. Hier schlägt das Herz des Glaubens!

2,43. Jedermann in Jerusalem war von einer tiefen Ehrfurcht vor Gott ergriffen, und durch die Apostel geschahen zahlreiche Wunder und viele außergewöhnliche Dinge. Ehrfurcht vor Gott macht den Menschen dazu bereit, Gottes Werkzeug zu werden. Ehrfurcht ist Respekt vor der Größe und Andersartigkeit Gottes. Ehrfurcht ist das Wissen von seiner Heiligkeit und Majestät. Ehrfurcht ist die Dankbarkeit für seine Gnade. Wo Ehrfurcht ist, da schenkt Gott auch Wunder.

Für Lukas gehören Wunder zum Glauben dazu. Immer wieder erzählt er von Wundern durch die Apostel; in Apg 5,12-16 widmet er ein weiteres Gemeindesummarium diesem Thema.

2,44-45. Alle, die an Jesus glaubten, hielten fest zusammen … In einer Zeit, die zwar das Almosen kannte, aber keine Sozialversicherung im heutigen Sinn, entwickelten die ersten Christen ein erstaunlich modernes solidarisches Gemeinschaftswesen. Lukas, der von allen Evangelisten am stärksten vor Habgier warnt und den Umgang mit Geld häufiger als Matthäus, Markus und Johannes behandelt, widmet dieser Gütergemeinschaft in Apg 4,32-37 ein Gemeindesummarium und erzählt danach in der hochdramatischen Geschichte von Hananias und Saphira, wie der Heilige Geist einen Betrug aufdeckt.

2,46-47. Einmütig und mit großer Treue kamen sie Tag für Tag im Tempel zusammen. Außerdem trafen sie sich täglich in ihren Häusern, um miteinander zu essen und das Mahl des Herrn zu feiern, und ihre Zusammenkünfte waren von überschwänglicher Freude und aufrichtiger Herzlichkeit geprägt. Sie priesen Gott bei allem, was sie taten, und standen beim ganzen Volk in hohem Ansehen. Und jeden Tag rettete der Herr

weitere Menschen, sodass die Gemeinde immer größer wurde. Die Christen trafen sich im Tempel und in den Hausgemeinschaften, so wie wir heute in den Gemeinden und Häusern, also in der Großgruppe und in Kleingruppen. In ihrer Art fielen sie auf, machten neugierig auf den Glauben und ernteten Respekt. Wie eine Stadt auf dem Berg nicht verborgen bleiben kann (vgl. Mt 5,14), kann ein solches gemeinschaftliches Leben in der Gesellschaft nicht verborgen bleiben. Das Auffällige aller christlichen Gemeinden der Frühzeit war, dass soziale Unterschiede in ihnen, wenn nicht aufgehoben waren, dann doch zumindest keine große Rolle mehr spielten. Herr und Sklave teilten Brot und Wein miteinander. Das war einerseits unerhört provozierend, andererseits löste es Nachdenken und wohl auch Sehnsucht nach liebevoller Gemeinschaft aus. Die Gemeinden waren so in gewisser Weise „heilende Gemeinschaften" und damit attraktiv für Außenstehende. Wir Heutigen in einer demokratischen Gesellschaft, die von der Gleichheit aller ausgeht, können das vielleicht nicht mehr richtig verstehen.

Gemeinde als heilende Gemeinschaft – ein schöner Gedanke und ein erstrebenswertes Ziel, auch bei uns! Gott will gewiss auch heute viele Menschen retten.

Mitarbeiter gesucht!

3

Apostelgeschichte 6,1-7

EINSTIEG
(15–20 Minuten)
Wählen Sie bitte eine oder zwei Fragen aus.

1. Haben Sie in letzter Zeit in der Fülle Ihrer Aufgaben etwas liegen lassen oder vielleicht sogar die Sorgen eines Menschen übersehen?

2. Gibt es Ungerechtigkeiten in Ihrem Umfeld oder auf der Welt, die Sie „auf die Palme“ bringen? Was können Sie dagegen tun?

3. Was für Rollen und Aufgaben übernehmen Sie – in der Familie, im Freundeskreis, bei der Ausbildung, im Job, in der Gemeinde? Fühlen Sie sich dabei am richtigen Platz?

4. Wissen Sie, ob Ihre Gemeinde genügend MitarbeiterInnen hat?

Entlastung der Apostel: Die Wahl von sieben Mitarbeitern

1 Die Zahl der Jünger wuchs unaufhörlich. Allerdings wurden in dieser Zeit
auch Klagen innerhalb der Gemeinde laut, und zwar vonseiten der Jünger,
die aus griechischsprachigen Ländern stammten. Sie waren der Meinung,
dass ihre Witwen bei der täglichen Versorgung mit Lebensmitteln benach-
teiligt wurden, und beschwerten sich darüber bei den einheimischen Jün-
gern.
2 Da beriefen die Zwölf eine Versammlung aller Jünger ein und erklärten:
„Es wäre nicht gut, wenn wir Apostel uns persönlich um den Dienst der Ver-
teilung der Lebensmittel kümmern müssten und darüber die Verkündigung
von Gottes Botschaft vernachlässigen würden. 3 Seht euch daher, liebe Ge-
schwister, in eurer Mitte nach sieben Männern um, die einen guten Ruf ha-
ben, mit dem Heiligen Geist erfüllt sind und von Gott Weisheit und Einsicht
bekommen haben. Ihnen wollen wir diese Aufgabe übertragen. 4 Wir selbst
aber werden uns weiterhin ganz auf das Gebet und den Dienst der Verkün-
digung des Evangeliums konzentrieren.“
5 Dieser Vorschlag fand allgemeine Zustimmung, und die Gemeinde
wählte folgende sieben Männer aus: Stephanus, einen Mann mit einem fes-
ten Glauben und erfüllt vom Heiligen Geist, Philippus, Prochorus, Nikanor,
Timon, Parmenas und Nikolaus, einen Nichtjuden aus Antiochia, der zum
Judentum übergetreten war. 6 Man ließ sie vor die Apostel treten, und die
Apostel beteten für sie und legten ihnen die Hände auf.
7 Die Botschaft Gottes breitete sich immer weiter aus, und die Zahl der

Jünger in Jerusalem stieg sprunghaft an. Auch zahlreiche Priester nahmen das Evangelium an und glaubten an Jesus.

BIBELGESPRÄCH
(30–40 Minuten)
Wählen Sie ggf. unter den Fragen aus.

1. Welchem Problem muss die junge Gemeinde begegnen? Welche Gefahr hätte bestanden, wenn sie es nicht behandelt hätte?

2. Hätten Sie deswegen gleich eine Gemeindevollversammlung einberufen? Warum tun das die Apostel?

3. Was können wir uns vom Vorgehen der Apostel abgucken?

4. Wie wichtig ist es, dass die richtigen Leute am richtigen Platz sind?

5. Welche Eigenschaften sollen die neuen Mitarbeiter haben?

AUSTAUSCH
(15–30 Minuten)
Wählen Sie ggf. unter den Fragen aus. Sie können das Gespräch mit einem gemeinsamen Gebet abschließen.

1. Haben Sie sich auch schon einmal benachteiligt gefühlt? Wie haben Sie darauf reagiert?

2. Den Aposteln ist das Gebet für die Gemeinde sehr wichtig. Warum wohl? Welchen Stellenwert hat es bei Ihnen?

3. Haben Sie schon Erfahrungen damit gemacht, wenn es in einer Gemeinde unterschiedliche Gruppen gibt? Hat sich das positiv oder negativ ausgewirkt?

4. Sammeln Sie konkrete Gebetsanliegen und beten Sie für Ihre Gemeinde(n).

Zusammenfassung: Wer noch den letzten Text im Hinterkopf hat, könnte meinen, die Jerusalemer Urgemeinde sei geradezu eine „ideale" Gemeinde gewesen. Aber wo Menschen zusammen leben und arbeiten, gibt es immer Konflikte. Christen sind auch keine „idealen", fehlerfreien Menschen – so wenig wie andere. Probleme und nicht zuletzt die Sünde lauern überall (vgl. Hebr 12,1). Entscheidend und eine Bewährung für den Glauben ist die Frage, wie man Konflikte löst. Repariert man irgendwie daran herum oder findet man tragfähige Lösungen, die auch zukunftstauglich sind? Lösungen, die den Heiligen Geist in seinem Wirken nicht behindern und die den Verantwortlichen nicht noch mehr Arbeit aufhalsen? Von einem Konflikt und seiner Lösung erzählt dieser Text.

6,1. Die Zahl der Jünger wuchs unaufhörlich. Allerdings wurden in dieser Zeit auch Klagen innerhalb der Gemeinde laut, und zwar vonseiten der Jünger, die aus griechischsprachigen Ländern stammten. Sie waren der Meinung, dass ihre Witwen bei der täglichen Versorgung mit Lebensmitteln benachteiligt wurden, und beschwerten sich darüber bei den einheimischen Jüngern. Wir lernen hier etwas sehr Wichtiges: Es gab in Jerusalem zwei judenchristliche Gruppen, nämlich die Alteingesessenen und die zurückgekehrten Auslandsjuden, die immer noch griechisch sprachen. Das wird uns noch sehr beschäftigen, denn längerfristig waren die „Hellenisten" für die Ausbreitung des Christentums die weitaus wichtigere Gruppe. (Auch Paulus ist ja ein griechisch sprechender Auslandsjude.) Was wir außerdem noch lernen: Auch in einer so „anständigen" Gemeinde wie der in Jerusalem menschelt es. Wer irgendwann einmal von außen kommt, hat es bei den „Eingeborenen" nicht ganz leicht. Das ist heute noch so.

6,2-4. Da beriefen die Zwölf eine Versammlung aller Jünger ein ... „Wir selbst aber werden uns weiterhin ganz auf das Gebet und den Dienst der Verkündigung des Evangeliums konzentrieren." Eine Gemeindeversammlung soll das Problem lösen. Den Aposteln ist es wichtig, dass sie sich nicht verzetteln, sondern bei ihrer Berufung bleiben können. Nicht jeder kann seine Berufung zum Beruf machen, da baut das Leben manchmal Hindernisse auf; aber wenigstens in der Gemeinde sollte jeder seine Berufung leben.

6,5. Dieser Vorschlag fand allgemeine Zustimmung. Der Vorschlag ist vernünftig, und er ist geistlich. Zum einen entlastet er die Apostel. Sie müssen nicht mehr tun als vorher und laufen so nicht Gefahr, überlastet zu werden. (Es ist traurig und kein gutes Zeichen, dass auch in unseren Gemeinden und Kirchen viele Menschen unter Burnout leiden!) Zum anderen ist er geistlich, weil die Apostel so ihrer Berufung treu bleiben können. Sie waren ja die Augenzeugen Jesu! Sie sind also die Träger und Übermittler der Tradition. Sie haben drei Jahre lang mit Jesus gelebt und sich von ihm in seiner Nachfolge schulen lassen. Sie haben darum die Aufgabe, zu lehren und andere Mitarbeiter zu schulen. Wer, wenn nicht sie, sollte diese Aufgabe übernehmen?

6,5-6. ... und die Gemeinde wählte folgende sieben Männer aus: Stephanus, einen Mann mit einem festen Glauben und erfüllt vom Heiligen Geist, Philippus, Prochorus, Nikanor, Timon, Parmenas und Nikolaus, einen Nichtjuden aus Antiochia, der zum Judentum übergetreten war. Man ließ sie vor die Apostel treten, und die Apostel beteten für sie und legten ihnen die Hände auf. Bezeichnend ist, dass die Namen der neu gewählten „Diakone" alle griechischer Herkunft sind. Nur Philippus und Nikanor waren in Israel häufigere Namen. Die Gruppe der griechisch sprechenden Gemeindeglieder sollte also von ihresgleichen betreut werden. Braucht man dazu aber gleich sieben Leute? Wir können vermuten, dass die „Hellenisten" in der Jerusalemer Gemeinde zwar eine feste Gruppe bildeten, aber ohne eigene Leitung waren. Mit der Wahl der sieben Diakone haben jetzt die Hellenisten wie auch die Apostel eine verantwortliche Gruppe von Ansprechpartnern. Das weitere Wirken dieser Leute (siehe unten) legt diese Vermutung nahe.

Auch das gehört zu einem gesunden geist-

lichen Gemeindeleben: Wer einen Dienst übernimmt – egal, ob groß oder klein – wird dafür gesegnet. Die Gemeinde muss ihre Mitarbeiter kennen, und mit der Segnung anerkennt sie zugleich diese Leute als Verantwortliche. Mit der Segnung wird ihr Dienst Gott anbefohlen, denn „ohne mich könnt ihr nichts tun" (Joh 15,5).

6,7. Die Botschaft Gottes breitete sich immer weiter aus, und die Zahl der Jünger in Jerusalem stieg sprunghaft an. Auch zahlreiche Priester nahmen das Evangelium an und glaubten an Jesus. Wo sich eine Gemeinde vom Heiligen Geist führen lässt, erfährt sie auch Segen und Stärkung! Das erleben die ersten Christen. Doch das Wachstum einer Gemeinde hängt auch von der Zahl der Mitarbeiter ab. Wo sich Menschen in den Dienst nehmen lassen, kann der Heilige Geist wirken. Leider gilt auch die Umkehrung des Satzes: Ohne Mitarbeiter kein Wachstum. Der Heilige Geist will mit den Menschen arbeiten. Er ist nicht der Lückenbüßer für menschliche Faulheit, um es einmal sehr deutlich zu sagen.

Interessant ist, dass auch Priester zum Glauben kamen. Traditionell gehörten sie nämlich zur Gruppe der Sadduzäer, die nicht an die Auferstehung der Toten glaubten (vgl. Mk 12,18).

Weiterführung: Ein kleiner Abschnitt, der mit einem Problem beginnt und mit einer Lösung endet. So weit, so gut. War das alles? Auch wenn die nun folgenden Kapitel der Apostelgeschichte hier aus Platzgründen nicht behandelt werden können, soll noch auf einige Dinge aufmerksam gemacht werden.

Was Lukas im Folgenden über diese griechisch sprechenden Diakone berichtet, ist nicht stille Sozialarbeit unter Witwen. Stephanus und Philippus erweisen sich als kluge und streitbare Theologen und gesegnete Evangelisten. Philippus erweitert das Missionsgebiet ausgerechnet in das unter frommen Juden gemiedene Samaria. Dass er damit recht getan hat, bestätigt der Heilige Geist, als Petrus nach Samarien reist (Apg 8,14-17).

Aufgrund der Tätigkeit des Stephanus und der „Hellenisten" bricht eine Verfolgung in Jerusalem aus, die – so scheint es – auch nur die griechisch sprechenden Judenchristen betrifft (Apg 8,1). Petrus und die anderen elf Apostel bleiben in der Stadt. Bei anderer Gelegenheit hat sich Petrus durchaus in Sicherheit gebracht (Apg 12,17). Die Verfolger unterscheiden also! Dass ausgerechnet diese Verfolgung Segen brachte, werden wir noch sehen, wenn wir einen Abschnitt aus Apg 11 behandeln.

Wer immer unter seinesgleichen lebt, wird wohl nur selten herausgefordert werden zu erklären, was er glaubt, warum er so und nicht anders glaubt, denkt und handelt. Wer dagegen in der Fremde lebt, muss sich mit seiner Umgebung auseinandersetzen, wird befragt, muss vielleicht in seinem Lebensstil Kompromisse eingehen, kurzum: Er steht in einem lebendigen Prozess geistiger Auseinandersetzung. So erging es den Juden, die irgendwo in den Städten des Römischen Reichs lebten. Vor allem die strengen jüdischen Reinheitsvorschriften erschwerten den Kontakt zu Nichtjuden. Die hellenistischen Juden mussten hier Möglichkeiten finden, in einer heidnischen Umgebung zu leben. Das machte sie fähig(er), das Evangelium den Heiden zu verkünden. Ihre Scheu, auf Heiden zuzugehen, war geringer, und sie kannten auch die Denkweise der Nichtjuden besser. Die Weltmission, deren Anfänge Lukas in der Apostelgeschichte beschreibt, geht auf die hellenistischen Judenchristen zurück!

Kehrtwende eines Lebens

Apostelgeschichte 9,1-19

4

1. Kennen Sie die Redewendung: Jemand wird „vom Saulus zum Paulus"? Wissen Sie, was damit gemeint ist?

2. Kennen Sie Menschen mit einer radikalen Lebenswende? Erzählen Sie davon!

3. Haben Sie wegen Ihres Christseins schon mal Nachteile erfahren?

4. Hat Ihnen schon einmal ein Mitmensch in einer Sache „die Augen geöffnet"?

EINSTIEG

(15–20 Minuten) Wählen Sie bitte eine oder zwei Fragen aus.

BIBELTEXT

Die Umkehr des Saulus: vom Verfolger der Gemeinde zum Nachfolger Christi

1-2 Saulus führte weiterhin einen wütenden Kampf gegen die Jünger des
Herrn. Er drohte ihnen mit dem Tod und war entschlossen, die Gemeinde
auszurotten. Auch in Damaskus wollte er die Anhänger der neuen Lehre auf-
spüren, um sie alle – Männer wie Frauen – in Ketten nach Jerusalem zu brin-
gen. Zu diesem Zweck wandte er sich an den Hohenpriester und bat ihn um
Briefe mit einer entsprechenden Bevollmächtigung, die er den Synagogen
in Damaskus vorlegen wollte.
3 Als er nun nach Damaskus unterwegs war und die Stadt schon fast er-
reicht hatte, leuchtete plötzlich vom Himmel her ein Licht auf. Von allen Sei-
ten umgab ihn ein solcher Glanz,
4 dass er geblendet zu Boden stürzte. Gleichzeitig hörte er, wie eine
Stimme zu ihm sagte: „Saul, Saul, warum verfolgst du mich?" – 5 „Wer bist
du, Herr?", fragte Saulus. Die Stimme antwortete: „Ich bin der, den du ver-
folgst; ich bin Jesus. 6 Doch jetzt steh auf und geh in die Stadt! Dort wird
man dir sagen, was du tun sollst."
7 Die Männer, die mit Saulus reisten, standen sprachlos vor Bestürzung
dabei; sie hörten zwar die Stimme, sahen aber niemand. 8 Saulus richtete
sich vom Boden auf und öffnete die Augen, aber er konnte nichts sehen.
Seine Begleiter mussten ihn bei der Hand nehmen und nach Damaskus füh-
ren. 9 Drei Tage lang war er blind, und er aß nichts und trank nichts. 10 In
Damaskus lebte ein Jünger Jesu namens Hananias. Zu ihm sagte der Herr in
einer Vision: „Hananias!" – „Ja, Herr?", erwiderte Hananias. 11 „Geh in die

Gerade Straße“, befahl ihm der Herr, „und frage im Haus des Judas nach ei-
nem Saulus aus Tarsus. Du musst Folgendes wissen: Saulus betet, 12 und in
einer Vision hat er gesehen, wie ein Mann namens Hananias in sein Zimmer
tritt und ihm die Hände auflegt, damit er wieder sehen kann.“
13 „Herr“, entgegnete Hananias, „von den verschiedensten Seiten habe
ich erfahren, wie viel schreckliche Dinge dieser Mann in Jerusalem denen
angetan hat, die zu deiner Gemeinde gehören. 14 Außerdem ist er von den
führenden Priestern dazu ermächtigt, hier in Damaskus alle zu verhaften,
die sich zu deinem Namen bekennen.“
15 Aber der Herr sagte: „Geh trotzdem zu ihm! Denn gerade ihn habe ich
mir als Werkzeug ausgewählt, damit er meinen Namen in aller Welt bekannt
macht – bei den nichtjüdischen Völkern und ihren Herrschern ebenso wie
bei den Israeliten. 16 Und ich will ihm zeigen, wie viel er von jetzt an um mei-
nes Namens willen leiden muss.“
17 Da machte sich Hananias auf den Weg und ging in jenes Haus. Er legte
Saulus die Hände auf und sagte: „Saul, mein Bruder! Der Herr selbst – Je-
sus, der dir auf deiner Reise hierher erschienen ist – hat mich geschickt.
Er möchte, dass du wieder sehen kannst und mit dem Heiligen Geist erfüllt
wirst.“ 18 Im selben Augenblick war es, als würden Schuppen von Saulus’
Augen fallen: Er konnte wieder sehen! Saulus stand auf und ließ sich taufen.
19 Und nachdem er etwas gegessen hatte, kehrten seine Kräfte zurück.

BIBELGESPRÄCH

(30–40 Minuten)
Wählen Sie
ggf. unter den
Fragen aus.

1. Was denken Sie: Ist Saulus es wert, ein Apostel des Herrn zu sein?
2. Untersuchen Sie, wie der Heilige Geist in dieser Geschichte Regie führt.
3. Gott redet in dieser Geschichte auch mit Hananias sehr unmittelbar. Wie geht es Ihnen, wenn Sie das lesen?
4. Haben Sie Gott selbst schon reden hören? Auf welche Weise?

1. Haben Sie schon mal von verfolgten Christen gehört oder gelesen? Beten Sie für sie! Es gibt viele.

2. **Denken Sie, dass es richtig ist, auch für die Verfolger zu beten (vgl. Mt 5,44)?**

3. **Glauben Sie, dass Gott Menschen so umkrempeln kann, wie er es bei Paulus getan hat? Was würde das für uns heute bedeuten?**

4. **Paulus erlebt überwältigend Gottes Gnade. Wo erleben Sie seine Gnade?**

AUSTAUSCH
(15–30 Minuten) Wählen Sie ggf. unter den Fragen aus. Sie können das Gespräch mit einem gemeinsamen Gebet abschließen.

ERLÄUTERUNGEN

Zusammenfassung: Die Geschichte von Paulus' Bekehrung und Berufung zum Apostel ist Lukas so wichtig, dass er sie gleich dreimal erzählt (Apg 9; 22; 26). In der Tat wurde Paulus der wichtigste Missionar der frühen Christenheit. Hellenistische Weltläufigkeit und eine gründliche pharisäischrabbinische Ausbildung in Jerusalem kamen bei ihm zusammen. Keiner hat gründlicher als er über die Beziehung zwischen dem Glauben an Jesus Christus und dem Verhältnis zur Thora (dem jüdischen Gesetz) nachgedacht. Paulus konnte seelsorgerlich-einfühlsam schreiben und beinhart seine Meinung gegenüber anderen vertreten. Wenn er in 1 Kor 15,10 von sich sagt, er habe mehr als die anderen gearbeitet, dann ist das keine Angeberei, sondern dürfte den Tatsachen entsprechen.

Wenn wir davon ausgehen, dass Jesus im Jahr 30 gekreuzigt wurde und auferstanden ist, dürfte Paulus' Bekehrung in den Zeitraum 31/32 fallen; sein Besuch in Jerusalem hat wohl um 33/34 stattgefunden. (Datierungsfragen gehören in der Bibelwissenschaft zu den schwierigsten Problemen. Ich verlasse mich hier auf die gründliche Habilitationsschrift von Prof. Rainer Riesner.)

Viele kennen sicher die Redensart, einer sei vom Saulus zum Paulus geworden, wenn jemand etwas Einschneidendes erlebt, das eine Richtungsänderung im weiteren Lebenswandel bewirkt. Hat Paulus tatsächlich seinen Namen geändert? Nein, wie alle Auslandsjuden (auch noch heute) hatte er zwei Namen, einen hebräischen, nämlich Scha'ul (Saul oder Saulus), und einen griechischen, nämlich Paulos (lat. Paulus), vgl. Apg 13,9. Mit der ersten Missionsreise, als Saulus endgültig heidnisches Gebiet bereist, benutzt Lukas nun in seinem Buch den hellenistischen, „internationalen" Namen Paulus.

9,1. Saulus führte weiterhin einen wütenden Kampf gegen die Jünger des Herrn. Paulus sieht in den Christen eine Gefahr für das Judentum; nicht nur, weil er Jesus nicht als Messias anerkennt, sondern weil er auch weiß, dass messianische Strömungen in seinem Volk Unruhe stiften und damit die Römer auf den Plan rufen könnten. Er möchte die Feuer überall austreten, bevor ein Flächenbrand entsteht.

9,3-6. Als er nun nach Damaskus unterwegs war und die Stadt schon fast erreicht hatte, leuchtete plötzlich vom Himmel her ein Licht auf. Von allen Seiten umgab ihn ein solcher Glanz, dass er geblendet zu Boden stürzte. Für Paulus das Erlebnis seines Lebens! Dass ihm der auferstandene Herr begegnet ist, macht Paulus – so 1 Kor 9,1 – zum Apostel. In 1 Kor 15,8 zählt er sich mit dieser Erscheinung noch zu den Auferstehungszeugen. Hier unterscheidet er sich theologisch von Lukas, für den die Ostererscheinungen mit der Himmelfahrt endgültig aufhören.

9,8. Saulus richtete sich vom Boden auf und öffnete die Augen, aber er konnte nichts sehen. Paulus ist blind, zunächst einmal nicht nur physisch. Das Geschehen muss für ihn ein ungeheuerlicher Schock gewesen sein. Noch versteht er fast nichts. Er fastet, um das Erlebte zu verarbeiten. Die Zeit der Blindheit wird für ihn zur Vorbereitung für Gottes Handeln. Vgl. Lk 1,20, wo Zacharias, der Vater Johannes' des Täufers, stumm wird, bis sich Gottes Verheißung erfüllt und Zacharias das entscheidende Wort sagen kann (Verse 63+64).

9,10-15. In Damaskus lebte ein Jünger Jesu namens Hananias. Zu ihm sagte der Herr in einer Vision: „Hananias!" – „Ja, Herr?", erwiderte Hananias. „Geh in die Gerade Straße", befahl ihm der Herr, „und frage im Haus des Judas nach einem Saulus aus Tarsus." ... „Herr", entgegnete Hananias, „von den verschiedensten Seiten habe ich erfahren, wie viel schreckliche Dinge dieser Mann in Jerusalem denen angetan hat, die zu deiner Gemeinde gehören." ... Aber der Herr sagte: „Geh trotzdem zu ihm! Denn gerade ihn habe ich mir als Werkzeug ausgewählt, damit er meinen Namen in aller Welt bekannt macht – bei den nichtjüdischen Völkern und ihren Herrschern ebenso wie bei den Israeliten." Die Regie des Heiligen Geistes ist hinreißend! Alles ist vorbereitet. – Es gibt heute viele Menschen, die sich nicht vorstellen können, dass Gott im Gebet zu einem Menschen derart konkret reden kann, wie es Hananias hier erlebt. Und doch ist es schon vielen so geschehen. Unsere überdrehte, laute Zeit muss wieder lernen, die meist leise Stimme Gottes zu hören. Beten ist einfach, jeder kann es tun. Je mehr wir uns dem Gebet hingeben, desto tiefer werden unsere Erfahrungen damit.

Was manche Menschen vergessen: Zum Beten gehört auch die Zeit des Schweigens und Hörens (so wie auch in jedem vernünftigen Gespräch unter Menschen). Gott kann in unsere Gedanken hineinsprechen. Er hat aber auch andere Mittel, um uns zu antworten. Das können andere Menschen sein, ein Bibeltext, ein Lied ...

9,13. „Herr", entgegnete Hananias, „von den verschiedensten Seiten habe ich erfahren, wie viel schreckliche Dinge dieser Mann in Jerusalem denen angetan hat, die zu deiner Gemeinde gehören." Was Hananias da von Gott hört, übersteigt zunächst sein Fassungsvermögen. Wer wollte ihn dafür schelten? Es wäre uns wohl kaum anders gegangen. Und doch! Könnte es sein, dass wir im Allgemeinen zu kleingläubig sind? Könnte es nicht eine Herausforderung sein, gerade für die Bekehrung derer zu beten, denen wir eine Änderung nicht zutrauen? Beten heißt, mit Gottes Möglichkeiten zu rechnen!

9,16. Und ich will ihm zeigen, wie viel er von jetzt an um meines Namens willen leiden muss. Auch das gehört zu den Erfahrungen mit Gott! Wie viel Schweres Paulus als Apostel erleben musste, erzählt er am ausführlichsten im 2. Korintherbrief. Jesus hatte den Jüngern immer wieder gesagt, dass sie in seiner Nachfolge mit Leiden rechnen müssen. Paulus wusste das, Lukas hat das nie vergessen, auch uns muss es bewusst sein. Die Kirche Jesu hat Anteil an seinem Kampf gegen das Böse. Darum wird sie angegriffen. Wir brauchen uns nicht zu fürchten. Jesus hat den Tod überwunden. Aber noch wächst das Reich Gottes nur unter Widerstand.

Mauern fallen

5

Apostelgeschichte 10 in Auszügen

EINSTIEG

(15–20 Minuten)
Wählen Sie bitte eine oder zwei Fragen aus.

1. Haben Sie Kontakt mit Juden? Gibt es Dinge zu beachten, wenn Sie einen Juden zu sich nach Hause einladen?

2. Haben Sie schon erlebt, dass Sie bei einem Besuch schrecklich befangen waren? Warum? Erzählen Sie den anderen davon!

3. Hand aufs Herz! Wie geht es Ihnen, wenn Sie mit Ausländern sprechen?

4. Haben Sie (vielleicht als Kind) schon Sätze gehört, die so anfangen: „Als Christ darf man nicht ...“? Wie denken Sie heute darüber?

BIBELTEXT

Die Vision des römischen Hauptmanns Kornelius in Cäsara

1 In Cäsarea lebte ein römischer Offizier namens Kornelius, ein Hauptmann,
der zum sogenannten Italischen Regiment gehörte. 2 Kornelius war ein
frommer Mann, der mit allen, die in seinem Haus lebten, an den Gott Israels
glaubte; er gab großzügige Spenden für die Bedürftigen in der jüdischen
Bevölkerung und betete treu und regelmäßig.
3 Eines Tages – gegen drei Uhr nachmittags – hatte Kornelius eine Vi-
sion: Klar und deutlich sah er, wie ein Engel Gottes zu ihm ins Zimmer trat.
„Kornelius!“, hörte er ihn sagen. 4 Erschrocken starrte Kornelius den Engel
an. „Was ist, Herr?“, fragte er. Der Engel erwiderte: „Gott hat deine Gebete
gehört und hat gesehen, wie viel Gutes du den Armen tust. 5 Darum schi-
cke jetzt einige Männer nach Joppe zu einem gewissen Simon mit dem Bei-
namen Petrus und bitte ihn, zu dir zu kommen. 6 Er ist bei einem Gerber zu
Gast, der ebenfalls Simon heißt und dessen Haus direkt am Meer liegt.“
7 Als der Engel wieder gegangen war, rief Kornelius zwei seiner Diener so-
wie einen gläubigen Soldaten aus seinem persönlichen Gefolge zu sich. 8 Er
berichtete ihnen alles, was er soeben erlebt hatte, und schickte sie dann
nach Joppe.

Die Vision von Petrus in Joppe

9 Um die Mittagszeit des folgenden Tages – die Boten des Kornelius waren
noch unterwegs, näherten sich aber bereits der Stadt – stieg Petrus zum

Beten auf das flache Dach des Hauses, in dem er zu Gast war. 10 Nach einiger Zeit wurde er hungrig und bat um etwas zu essen. Während ihm nun eine Mahlzeit zubereitet wurde, hatte er eine Vision. 11 Er sah den Himmel offen stehen und etwas wie ein riesiges leinenes Tuch herabkommen, das – gehalten an seinen vier Ecken – auf die Erde heruntergelassen wurde. 12 In dem Tuch befanden sich Tiere aller Art – Vierfüßer, Reptilien und Vögel. 13 Nun hörte er eine Stimme: „Auf, Petrus, schlachte und iss!" – 14 „Auf gar keinen Fall, Herr!", entgegnete Petrus. „In meinem ganzen Leben habe ich noch nie etwas Unheiliges und Unreines gegessen!" 15 Doch die Stimme wiederholte die Aufforderung. „Was Gott für rein erklärt hat, das behandle du nicht, als wäre es unrein!", sagte sie. 16 Und noch ein drittes Mal wurde Petrus zum Essen aufgefordert. Danach verschwand das Tuch so unvermittelt wieder im Himmel, wie es gekommen war.

Die Boten des Kornelius bei Petrus

17 Während Petrus noch darüber rätselte, was diese Vision bedeuten sollte, kamen auch schon die Männer an, die Kornelius geschickt hatte. Sie hatten sich zu Simons Haus durchgefragt und standen jetzt unten vor dem Eingangstor. 18 „Ist hier ein Simon mit dem Beinamen Petrus zu Gast?", riefen sie.

Während Petrus noch überlegt, ermutigt ihn der Heilige Geist, mit den Männern zu gehen, „denn ich selbst habe sie geschickt". Sie berichten Petrus von ihrem Auftrag. Am nächsten Tag machen sie sich gemeinsam auf den Weg, begleitet von einigen Gemeindemitgliedern aus Joppe. Kornelius empfängt die Delegation respektvoll und führt sie ins Haus, wo schon viele auf sie warten. Petrus sagt, dass es ihm als Juden eigentlich verboten sei, das Haus eines Heiden zu betreten, aber Gott habe ihm gezeigt, dass er niemanden für unrein halten und ihm die Gemeinschaft verweigern dürfe. Nun berichtet ihm Kornelius von seiner Vision.

34 „Wahrhaftig", begann Petrus, „jetzt wird mir erst richtig klar, dass Gott keine Unterschiede zwischen den Menschen macht! 35 Er fragt nicht danach, zu welchem Volk jemand gehört, sondern nimmt jeden an, der Ehrfurcht vor ihm hat und tut, was gut und richtig ist.

36 Was ich euch bringe, ist die Botschaft, die Gott bereits den Israeliten verkünden ließ; es ist das Evangelium vom Frieden durch den, der über alle Menschen Herr ist, Jesus Christus.

Petrus predigt nun über Jesus Christus, seine Taten in Israel und über seinen Tod und seine Auferstehung. Das sei schon von den Propheten vorhergesagt.

44 Während Petrus noch über diese Dinge sprach, kam der Heilige Geist auf
alle herab, die seine Botschaft hörten. 45 Die Gläubigen jüdischer Herkunft,
die Petrus nach Cäsarea begleitet hatten, waren außer sich vor Verwunde-
rung, dass die Gabe Gottes, der Heilige Geist, auch über Nichtjuden ausge-
gossen wurde. 46 Sie hörten nämlich, wie die Versammelten in geistgewirk-
ten Sprachen redeten und Gott für seine Größe priesen. Schließlich wandte
sich Petrus an seine Begleiter und sagte: 47 „Wer hätte jetzt noch das Recht,
diesen Leuten die Taufe zu verweigern – jetzt, wo sie genau wie wir den
Heiligen Geist empfangen haben?"
48 Und er ordnete an, sie im Namen von Jesus Christus zu taufen. Danach
blieb er auf ihre Bitte hin noch einige Tage bei ihnen.

BIBELGESPRÄCH

(30–40 Minuten) Wählen Sie ggf. unter den Fragen aus.

1. Wie bereitet Gott die handelnden Personen vor?
2. Lesen Sie die Verse 34 und 35 sorgfältig und überlegen Sie, ob Paulus das genauso gesagt hätte (vgl. Röm 3,9-18).
3. Angenommen, Gott hätte Petrus nicht diese Vision gegeben, sondern nur gesagt: „Gehe zu Kornelius!" Wie hätte die Geschichte dann weitergehen können?
4. Muss nur Petrus eine Grenze überwinden? Was riskiert Kornelius? (Der Mann ist Besatzungsoffizier!)
5. Erinnern Sie sich noch einmal an das Sprachenwunder von Pfingsten und vergleichen Sie das mit dieser Geschichte, in der zwei Kulturen aufeinanderstoßen. Was ist Gottes Absicht?

AUSTAUSCH

(15–30 Minuten) Wählen Sie ggf. unter den Fragen aus. Sie können das Gespräch mit einem gemeinsamen Gebet abschließen.

1. Kennen Sie Menschen in Ihrer Nähe, die Gott suchen und sich für den Glauben interessieren?
2. **Fällt es Ihnen leicht, mit anderen Menschen über den Glauben zu sprechen?**
3. **Gibt es Leute oder Personengruppen, zu denen Sie auch nicht ohne Weiteres gehen würden?**
4. **Sammeln Sie Namen von Nichtchristen, die Ihnen besonders am Herzen liegen. Beten Sie gemeinsam dafür, dass Vorurteile abgebaut werden können und Offenheit für den Glauben entsteht.**

Zusammenfassung: Die Geschichte von Petrus und dem römischen Hauptmann Kornelius ist eine der schönsten und zugleich wichtigsten Geschichten, die Lukas erzählt. Wenn man im Kapitel 11 noch Petrus' Rechtfertigungsrede in Jerusalem dazuzählt, ist sie sogar eine der längsten Geschichten. (Nur der Bericht von Paulus' Gefangenschaft ist länger.) Ihre Länge unterstreicht ihre Bedeutung. In dieser Geschichte wird eine Grenze überschritten, nein – die Grenze überhaupt. Bisher blieb das Evangelium unter Juden. Auch die Samaritaner, von den Juden mit Argwohn betrachtet, hatten doch jüdische Wurzeln, und der äthiopische Finanzminister gehörte zu den äthiopischen Juden (Apg 8,26ff). Jetzt wird die Grenze zu den Heiden überschritten! Dass dies alles andere als selbstverständlich war, zeigt diese Geschichte. Sie ist eine Bekehrungsgeschichte – und zwar die von Petrus! Stattgefunden haben dürfte sie im Jahr 41. Hier stoßen zwei Kulturen aufeinander. Das heißt: Nein, sie stoßen gerade nicht aufeinander, sondern begegnen einander mit Staunen, Respekt und am Ende mit Liebe. Ohne Gottes Vorbereitung wäre das nicht möglich gewesen. Ein römischer Besatzungsoffizier und ein jüdischer „Sektierer". Wenn nicht schon die zwei Hauptpersonen eine „heiße" Kombination sind!

10,2. Kornelius war ein frommer Mann, der mit allen, die in seinem Haus lebten, an den Gott Israels glaubte ... Es gab in der Antike Menschen, die die jüdische Vorstellung von einem unsichtbaren Gott sehr überzeugend fanden; auch sprach sie die jüdische Ethik an. Sie traten allerdings nicht mit allen Konsequenzen zum Judentum über. Das hätte ihren Umgang mit anderen Menschen aufgrund der jüdischen Gesetze sehr erschwert (vgl. Apg 10,28). Auch ist das Judentum keine missionarische Religion und legt auf Übertritte keinen Wert.

Solche am jüdischen Glauben Interessierte nannte man „Gottesfürchtige", und sie waren im Umfeld von Synagogengemeinden zu finden. Zusammen mit seiner Familie und seinen Bediensteten gehörte Kornelius zu dieser Gruppe.

10,3. Eines Tages – gegen drei Uhr nachmittags – hatte Kornelius eine Vision. Kornelius hält sich sogar an die jüdischen Gebetszeiten, es ist die Zeit des *Mincha*-Gebets, also des Nachmittagsgebets.

Was ist eine **Vision**? Wir verstehen darunter ein „inneres Schauen", ein Sehen mit dem inneren Auge. Das kann in der Intensität unterschiedlich sein. Es kann so weit gehen, dass für den Visionär die Grenze zwischen Innen- und Außenwelt aufgehoben erscheint.

10,5+6. „Darum schicke jetzt einige Männer nach Joppe." Es ist herrlich zu lesen, wie Gott alles vorbereitet, auch wenn Kornelius im Augenblick noch gar nichts versteht. Immerhin – Kornelius gehorcht sofort. Wahrscheinlich ist der Eindruck von der Vision so stark. Doch vergessen wir nicht, dass Kornelius ein geübter Beter ist. Er scheint keinen Augenblick an dieser Vision zu zweifeln. Manchmal fordert Gott auch uns auf, Dinge zu tun, die wir nicht sofort verstehen. – Joppe heißt heute übrigens Jaffa und ist ein Teil der israelischen Stadt Tel Aviv.

10,9. Um die Mittagszeit des folgenden Tages – die Boten des Kornelius waren noch unterwegs, näherten sich aber bereits der Stadt – stieg Petrus zum Beten auf das flache Dach des Hauses, in dem er zu Gast war. Auch Petrus ist im Moment noch völlig ahnungslos, als er bei seinem Gastgeber aufs Dach steigt, um zu beten. Damit beginnt der zweite Teil der göttlichen Vorbereitung.

Sich zum Gebet zurückzuziehen, hat Petrus von seinem Meister Jesus gelernt. Das Gebet in der Gemeinschaft hat sein Recht, aber es kann die ganz persönliche Zeit mit Gott in der Stille nicht ersetzen. Gott liebt uns, und Liebende sollten sich Zeit füreinander nehmen.

10,11-16. Er sah den Himmel offen stehen ... Es ist keine Übertreibung, wenn wir sagen, dass diese Vision für Petrus ein Schock gewesen sein muss. Vielleicht hat er sogar einen Augenblick lang daran gezweifelt, dass sie von Gott kommt. Unreine Tiere essen – allein die Vorstellung lässt den rechtschaffenen Petrus erschauern.

Aber warum ein Schock? Jesus hatte den Jüngern doch gesagt, sie würden seine Zeugen sein „überall ... auf der Welt und in den entferntesten Gegenden der Erde“ (Apg 1,8). Warum war (besonders für die palästinischen) Judenchristen die Heidenmission so unvorstellbar? Man muss sich in diese Menschen hineindenken. Sie alle hatten ihr Leben lang ganz selbstverständlich als Juden gelebt. Auch Jesus war ja, wie Paulus so schön sagt, „dem Gesetz unterstellt“ (Gal 4,4). Seine Anhänger bezeichneten ihn als Messias Israels, eine urjüdische Vorstellung. Nirgendwo im Alten Testament wird gesagt, dass mit dem Kommen des Messias die Thora außer Kraft gesetzt wird. Im Gegenteil! Sie kannten von Jes 2,2-3 und Mi 4,1-2 den Gedanken, dass dereinst die Völker zum Zion wallfahren, weil von dort Thora, also Weisung, Gesetz ausgeht. Die Richtung war dort somit umgekehrt: *von den Heiden zu den Juden*, damit sich alle dem Gott Israels unterstellen können. Die Urgemeinde wusste sich zu Israel gehörend, als Kristallisationskern prophetischer Erwartungen für Israel. – Wir müssen verstehen, dass diese erste Generation von Christen eine andere Sicht auf die Dinge hatte als wir heute nach 2000 Jahren Christentumsgeschichte.

Nachdem sich Petrus und Kornelius ihre Geschichte erzählt haben, wird beiden die göttliche Führung deutlich. Vor allem Petrus fängt an zu verstehen.

10,34-35. **„Wahrhaftig“, begann Petrus, „jetzt wird mir erst richtig klar, dass Gott keine Unterschiede zwischen den Menschen macht! Er fragt nicht danach, zu welchem Volk jemand gehört, sondern nimmt jeden an, der Ehrfurcht vor ihm hat und tut, was gut und richtig ist.“** Petrus hat seine Lektion gelernt: hingehen zu allen, die bereit sind zuzuhören, egal ob Jude oder Heide. Er fängt an, Kornelius und seinen Freunden von Jesus zu erzählen.

10,44. **Während Petrus noch über diese Dinge sprach, kam der Heilige Geist auf alle herab, die seine Botschaft hörten.** Noch einmal führt der Heilige Geist Regie, indem er auf die Anwesenden fällt vor ihrer Taufe (vgl. dagegen Apg 2,38). Petrus kann ihnen die Taufe nicht verwehren.

Der Heilige Geist wirkt gewiss auf unterschiedliche Weise, aber immer öffnet er den Mund der Menschen zum Lob Gottes. Hier schenkt er dieser Hausgemeinde auch die Sprachengabe, also das Reden in fremden Sprachen, was an das Pfingstfest erinnert.

Eine wunderschöne Geschichte, aber wir werden noch sehen, dass sich andere mit Petrus' Erfahrung durchaus schwertun.

6 Bewegung in Antiochia

Apostelgeschichte 11,19-30

EINSTIEG
(15–20 Minuten)
Wählen Sie bitte eine oder zwei Fragen aus.

1. Kennen Sie Gemeinden, von denen eine gewisse Strahlkraft ausgeht und die nicht nur eine rein lokale Bedeutung haben?

2. Kennen Sie Menschen, von denen Sie den Eindruck haben, dass sie fürchterlich unterschätzt werden?

3. Oft hören oder lesen wir in unseren Nachrichten von Flüchtlingen. Können Sie sich vorstellen, dass Flüchtlinge Werkzeuge Gottes sind?

4. Wissen Sie, was „Vitamin B“ ist? (Damit sind „nützliche Beziehungen“ gemeint.) Haben Sie schon mal davon profitiert?

BIBELTEXT

In Antiochia entsteht eine Gemeinde aus Juden und Nichtjuden

19 Die Christen, die sich in der Verfolgungszeit nach dem Tod des Stephanus über ganz Judäa und Samarien hin zerstreut hatten, zogen zum Teil noch weiter und kamen bis nach Phönizien und Zypern und bis nach Antiochia, aber sie machten die Botschaft Gottes nach wie vor ausschließlich unter Juden bekannt. 20 Doch einige von ihnen – Männer von Zypern und aus der Gegend von Zyrene – wandten sich, als sie nach Antiochia kamen, auch an die nichtjüdischen Einwohner der Stadt und verkündeten ihnen das Evangelium von Jesus, dem Herrn. 21 Und Gott wirkte so mächtig durch sie, dass eine große Zahl Nichtjuden ihrer Botschaft glaubte und sich dem Herrn zuwandte.

22 Von dieser Entwicklung erfuhr auch die Gemeinde in Jerusalem, und Barnabas reiste in ihrem Auftrag nach Antiochia. 23 Als er sah, was dort durch Gottes Gnade geschah, war er glücklich. Er machte allen Mut und forderte sie dazu auf, dem Herrn mit ungeteilter Hingabe treu zu bleiben.

24 Denn er hatte einen edlen Charakter, war mit dem Heiligen Geist erfüllt und hatte einen festen Glauben. Durch seinen Dienst stieg die Zahl derer, die an den Herrn glaubten, ständig an. 25 Schließlich reiste er nach Tarsus, um Saulus zu suchen, 26 und als er ihn gefunden hatte, nahm er ihn mit nach Antiochia. Die beiden waren dann ein ganzes Jahr miteinander in der Gemeinde tätig und unterrichteten viele Menschen im Glauben.

Hier in Antiochia wurden die Jünger des Herrn zum ersten Mal Christen genannt.

Hilfe aus Antiochia für die Gemeinde in Jerusalem

27 Während dieser Zeit kamen einige Propheten aus Jerusalem nach Antio-
chia. 28 Einer von ihnen – ein Mann namens Agabus – wurde vom Geist Got-
tes dazu gedrängt, vor die Gemeinde zu treten und anzukündigen, dass eine
schwere Hungersnot über die ganze Welt hereinbrechen werde (was während
der Regierungszeit von Kaiser Klaudius dann auch tatsächlich geschah). 29
Da beschlossen die Jünger, den Geschwistern in Judäa eine Geldspende zu-
kommen zu lassen; jeder sollte entsprechend seinen Möglichkeiten zu ihrer
Unterstützung beitragen. 30 Das taten sie dann auch. Sie schickten das Geld
an die Ältesten der Gemeinde von Jerusalem, und Barnabas und Saulus waren
die Überbringer.

BIBELGESPRÄCH

(30–40 Minuten) Wählen Sie ggf. unter den Fragen aus.

1. Die Jerusalemer Obrigkeit hatte die hellenistischen Judenchristen vertrieben. Welche Absicht verfolgte sie damit – und was ist daraus geworden?
2. Tragen Sie zusammen, was Sie in der Bibel über Barnabas finden können. Eine Wortkonkordanz hilft Ihnen dabei.
3. Wie würden Sie Barnabas' Rolle in der frühen Christenheit beschreiben?
4. Zwischen den Gemeinden besteht ein solidarischer Kontakt. Lesen Sie hierzu 1 Kor 12,25-27 und 2 Kor 9,6-15. Warum ist ein Opfer mehr als nur finanzielle Unterstützung?

AUSTAUSCH

(15–30 Minuten) Wählen Sie ggf. unter den Fragen aus. Sie können das Gespräch mit einem gemeinsamen Gebet abschließen.

1. **Auf der Welt gibt es viele Krisenherde. Welche erschüttern Sie besonders? Beten Sie für Flüchtlinge.**
2. **Haben Sie die Möglichkeit, Flüchtlingen oder Asylanten zu helfen?**
3. **Ermutigung ist nicht nur unter Christen enorm wichtig. Wem aus Ihrer Umgebung täte Ermutigung einmal gut? Nehmen Sie sich in der kommenden Woche Zeit dafür!**
4. **Den Jerusalemern wurde aus Antiochia geholfen. Erzählen Sie einander, wie Sie kürzlich Hilfe erfahren haben.**
5. **Barnabas und Paulus haben Menschen im Glauben unterwiesen. Beten Sie für die Menschen, von denen Sie christliche Unterweisung empfangen (vgl. Hebr 13,17).**

Zusammenfassung: Dieser Abschnitt gehört zu denen, die man unter Umständen schneller überliest als andere Texte der Apostelgeschichte. Scheinbar passiert ja nichts Aufregendes. Flüchtlinge finden zum Glück eine neue Heimat. Aber in diesem Text stecken einige wichtige Informationen, die uns verstehen lassen, warum sich das Evangelium auch unter Heiden ausbreiten konnte. Die Flüchtlinge sind weitere oder kürzere Wege gegangen. Wegen ihres Glaubens erlitten sie Verfolgung. Aber das hindert sie nicht, ihren Glauben weiterhin zu bekennen. Respekt! Dass sie in der Fremde die Nähe der Juden suchen, ist verständlich. Nur wenige reden mit Heiden über den Glauben. Doch das hat Folgen!

11,19. Die Christen, die sich in der Verfolgungszeit nach dem Tod des Stephanus über ganz Judäa und Samarien hin zerstreut hatten, zogen zum Teil noch weiter und kamen bis nach Phönizien und Zypern und bis nach Antiochia, aber sie machten die Botschaft Gottes nach wie vor ausschließlich unter Juden bekannt. Noch bleiben die hellenistischen Judenchristen unter sich. Im Römischen Reich gab es mehrere Städte mit dem Namen Antiochia; gemeint ist hier das im Südosten der heutigen Türkei liegende Antiochia (heute Antakya), das zu den prächtigsten und wichtigsten Städten im Reich gehörte. Ein Blick auf eine Landkarte kann sich an dieser Stelle lohnen. Die Flüchtlinge konnten nur hoffen, dass sie jetzt sicher waren. Minderheiten haben es immer schwer. Das war damals so und ist heute so.

11,20. Doch einige von ihnen – Männer von Zypern und aus der Gegend von Zyrene – wandten sich, als sie nach Antiochia kamen, auch an die nichtjüdischen Einwohner der Stadt und verkündeten ihnen das Evangelium von Jesus, dem Herrn. Ein kleiner Satz, der aber Folgen hat, wie der nächste Vers zeigt! Diese Leute hatten Mut. Und Gott segnet diesen Mut. Lassen wir uns davon anstecken!

11,22. Von dieser Entwicklung erfuhr auch die Gemeinde in Jerusalem, und Barnabas reiste in ihrem Auftrag nach Antiochia. Wir sehen hier, wie stark noch jede Entwicklung von der Jerusalemer Gemeinde abhängt, wie wichtig ihre Bestätigung ist. Barnabas, erstmals in Apg 4,36+37 erwähnt, war ein hellenistischer Jude, der sich der hebräisch sprechenden Gemeinde angeschlossen hatte und dort großes Vertrauen genoss. Von Petrus und Paulus reden wir ständig, Barnabas wird in seiner Bedeutung unterschätzt. *Aber es ist Barnabas, der nach Paulus' Bekehrung diesem überhaupt die Türen öffnet (Apg 9,26-31).* Ohne die Unterstützung der Gemeinde in Jerusalem hätte Paulus nicht der werden können, der er geworden ist. Es sind Barnabas und Paulus, die zur ersten großen Missionsreise ausgesandt werden, und man hat überhaupt nicht den Eindruck, dass Barnabas dabei „nur Paulus' Mitarbeiter" gewesen ist. Auf die erste Reise nehmen sie Johannes Markus mit. Nach Kol 4,10 ist der erstmals in Apg 12,12 erwähnte Johannes Markus ein Vetter von Barnabas. Markus begleitete später Petrus auf seinen Reisen und wurde (vermutlich) der Verfasser des Markusevangeliums. Wir sehen, wie wichtig persönliche Verbindungen für die Verbreitung des Evangeliums waren. Es half den Missionaren, wenn sie hier oder dort jemanden kannten, dem sie vertrauen konnten. Nach alter kirchlicher Tradition stammt auch Lukas, der Verfasser des Evangeliums und der Apostelgeschichte, aus Antiochia.

11,25+26. Schließlich reiste er nach Tarsus, um Saulus zu suchen, und als er ihn gefunden hatte, nahm er ihn mit nach Antiochia. Die beiden waren dann ein ganzes Jahr miteinander in der Gemeinde tätig und unterrichteten viele Menschen im Glauben. Hier in Antiochia wurden die Jünger des Herrn zum ersten Mal Christen genannt. Wiederum ist es Barnabas, der erkennt, dass jetzt in Antiochia ein guter Theologe wie Paulus gebraucht wird. Sie bauen diese Gemeinde auf, die die beiden später aussendet, um im östlichen Mittelmeerraum zu missionieren (vgl. Apg 13,1-3). *Der Impuls zur Weltmission ging nicht von der Jerusalemer Gemeinde aus, sondern von Antiochia!*

11,29+30. Da beschlossen die Jünger, den Geschwistern in Judäa eine Geldspende zu-

kommen zu lassen; jeder sollte entsprechend seinen Möglichkeiten zu ihrer Unterstützung beitragen. Das taten sie dann auch. Sie schickten das Geld an die Ältesten der Gemeinde von Jerusalem, und Barnabas und Saulus waren die Überbringer. Auch später hat Paulus in seinen Gemeinden immer für Jerusalem gesammelt. Damit wurde der Gemeinde dort nicht nur Dank und Anerkennung ausgedrückt, sondern zugleich ein Stück „kirchlicher Einheit“ bewahrt. Dennoch verlagerte sich der Schwerpunkt des frühen Christentums allmählich nach Antiochia; dies umso mehr, als im Lauf der geschichtlichen Entwicklung die Jerusalemer Gemeinde immer konservativer, d. h. gesetzestreuer werden musste, um in Jerusalem noch bestehen zu können. Darüber erfahren wir mehr im nächsten Abschnitt.

Barnabas hat Paulus' Begabung erkannt und ihm den Weg geebnet. Paulus wäre sonst noch lange durch ihm entgegengebrachtes Misstrauen ausgebremst worden. Es ist auch heute noch wichtig, dass wir Begabungen erkennen und so Menschen zum vollamtlichen Dienst für das Evangelium ermutigen.

7 Miteinander oder gegeneinander? Lösung gesucht!

Apostelgeschichte 15,1-21

EINSTIEG
(15–20 Minuten)
Wählen Sie bitte eine oder zwei Fragen aus.

1. Erinnern Sie sich an Ihren letzten Streit. Wie haben Sie sich verhalten?
2. Wie kompromissbereit sind Sie, wenn Sie überzeugt sind, recht zu haben?
3. Was macht Ihrer Meinung nach einen guten Kompromiss aus?
4. „Das Gegenteil von gut ist nicht schlecht, sondern gut gemeint.“ Was halten Sie von diesem Satz? Haben Sie schon einmal solch eine Erfahrung gemacht?

BIBELTEXT

Der Streit um die Gültigkeit des mosaischen Gesetzes: Das „Apostelkonzil“ in Jerusalem (Kapitel 15,1-35)
Müssen nichtjüdische Christen sich beschneiden lassen?

1 Doch dann kamen einige Leute aus Judäa nach Antiochia und forderten
die Männer der Gemeinde auf, sich beschneiden zu lassen, wie es im Ge-
setz des Mose vorgeschrieben ist. „Wenn ihr euch nicht beschneiden lasst“,
lehrten sie, „könnt ihr nicht gerettet werden.“
2 Damit stießen sie bei Paulus und Barnabas auf entschiedenen Wider-
stand, und es kam zu einer heftigen Auseinandersetzung. Schließlich wur-
den Paulus und Barnabas zusammen mit einigen Christen aus Antiochia be-
auftragt, nach Jerusalem zu reisen und den Aposteln und den Ältesten der
dortigen Gemeinde diesen Streitfall vorzulegen.
3 Von der Gemeinde in Antiochia feierlich verabschiedet, machten sich
Paulus und Barnabas auf den Weg. Sie zogen durch Phönizien und Sama-
rien, und überall erzählten sie von der Hinwendung der Nichtjuden zu Gott –
eine Nachricht, mit der sie allen Geschwistern große Freude bereiteten. 4 Als
sie in Jerusalem ankamen, wurden sie von den Aposteln und den Ältesten
und von der ganzen Gemeinde herzlich empfangen, und sie gaben einen
Bericht von dem, was Gott durch sie als seine Mitarbeiter alles getan hatte.
5 Doch einige, die zur Partei der Pharisäer gehörten und zum Glauben an

Jesus gekommen waren, standen auf und erklärten: „Man muss die Nichtju-
den beschneiden und dazu auffordern, das Gesetz des Mose zu befolgen!“

Die Stellungnahme von Petrus: Gott hat die Frage längst entschieden!

6 Daraufhin trafen sich die Apostel und die Ältesten, um über diese Sache
zu beraten. 7 Nachdem man lange und intensiv miteinander diskutiert hatte,
erhob sich Petrus und sagte zu den Versammelten: „Liebe Brüder, wie ihr
alle wisst, hat Gott euch seine Entscheidung schon vor langer Zeit klarge-
macht – damals, als er mir den Auftrag gab, den Nichtjuden die Botschaft
des Evangeliums zu verkünden, und als sie durch mich die Botschaft hörten
und zum Glauben kamen. 8 Gott kennt uns Menschen ja durch und durch,
und er hat die Echtheit ihres Glaubens bestätigt, indem er ihnen genau wie
uns den Heiligen Geist gegeben hat. 9 Er machte keinerlei Unterschied zwi-
schen ihnen und uns, sondern hat auch ihr Innerstes aufgrund ihres Glau-
bens von aller Schuld gereinigt. 10 Warum wollt ihr Gott jetzt herausfordern
und diesen Jüngern ein Joch auf den Nacken legen, das weder unsere Vor-
fahren noch wir selbst zu tragen vermochten? 11 Wir sind doch ganz im Ge-
genteil davon überzeugt, dass wir – genau wie sie – einzig und allein durch
die Gnade des Herrn Jesus gerettet werden.“

Der Rat des Jakobus: Keine unnötigen Lasten für unsere nichtjüdischen Geschwister!

12 Was Petrus sagte, brachte die Versammelten zur Ruhe, und die ganze
Gemeinde hörte aufmerksam zu, wie Barnabas und Paulus nun von all den
Wundern und außergewöhnlichen Dingen berichteten, die Gott durch sie
unter den Nichtjuden getan hatte.

13 Als die beiden geendet hatten, ergriff Jakobus das Wort. „Liebe Ge-
schwister“, sagte er, „hört mir zu! 14 Simeon hat gezeigt, dass Gott selbst
sich der Nichtjuden angenommen und damit begonnen hat, unter ihnen ein
Volk zu sammeln, das ihm gehört. 15 Das stimmt mit den Worten der Prophe-
ten überein; es heißt nämlich in der Schrift:

16 ‚Der Tag kommt, sagt der Herr, an dem ich mich meinem Volk wieder
zuwenden und die verfallene Hütte Davids wieder aufbauen werde;
ich werde sie aus ihren Trümmern von Neuem erbauen
und werde sie wieder errichten.
17 Dann werden auch die übrigen Menschen nach mir fragen,
die Menschen aller Völker, die doch alle mein Eigentum sind.
Das sagt der Herr, der damit ausführt,
18 was er von jeher angekündigt hat.‘“

19 „Deshalb steht für mich die Entscheidung fest“, fuhr Jakobus fort. „Wir
dürfen es den Nichtjuden, die zu Gott umkehren, nicht unnötig schwer ma-
chen. 20 Allerdings sollten wir sie in einem Brief dazu auffordern, folgende
Dinge zu unterlassen: jede Verunreinigung durch Götzenverehrung und jede
Form von Unmoral sowie den Genuss von Blut und von nicht ausgeblute-
tem Fleisch. 21 Im Übrigen finden sich alle diese Forderungen im Gesetz des
Mose, das seit vielen Generationen in allen Städten verkündet und Sabbat
für Sabbat in allen Synagogen vorgelesen wird.“

BIBELGESPRÄCH

(30–40 Minuten) Wählen Sie ggf. unter den Fragen aus.

1. Wie schwer (oder leicht) fällt es Ihnen, sich in die Gesetzestreuen hineinzudenken?
2. Hätten Sie als Antiochener auch den Kontakt mit Jerusalem gesucht oder eher die Verbindung gekappt?
3. Welche Gedanken, Fragen und Ängste haben die pharisäischen Christen wohl mit ihrem Auftreten in Antiochia ausgelöst?
4. In welcher Last der Verantwortung stand Jakobus? Welche Kräfte zerren an ihm?
5. Trauen Sie sich, diese Geschichte oder Teile daraus einmal als Rollenspiel in ihrer Gruppe zu spielen? Wie ging es Ihnen innerlich dabei? (Wenn Sie das Rollenspiel nicht machen möchten, ist das nicht schlimm. Vielleicht könnte es sich aber doch lohnen. Nur Mut!)

AUSTAUSCH

(15–30 Minuten) Wählen Sie ggf. unter den Fragen aus. Sie können das Gespräch mit einem gemeinsamen Gebet abschließen.

1. Worüber wird heute in der Kirche gestritten? Sind Sie mit den Lösungen zufrieden?
2. Wo und wie könnten Sie Frieden stiften?
3. Wir haben immer wieder darüber gesprochen, dass das Evangelium Grenzen überwindet. Ist es nicht auffallend, dass hier die Lösung einmal darin besteht, die Grenzen der anderen zu respektieren? Haben Sie schon einmal eine ähnliche Erfahrung gemacht?

Zusammenfassung: An einer denkwürdigen Stelle, nämlich in der Mitte seines Buchs, berichtet Lukas von einem Krisentreffen, das als „Apostelkonzil" bekannt geworden ist. Es wurde nötig, weil einige gesetzestreue Mitglieder der Jerusalemer Urgemeinde nach Antiochia, dem Zentrum der christlichen Heidenmission, kamen und dort einige Unruhe stifteten. Sie verlangten, dass alle, die zum Glauben gekommen waren, beschnitten werden und nach jüdischer Weise leben sollten. Niemand von der Gemeindeleitung hatte sie dazu beauftragt (Apg 15,24), aber die Wirkung ihres Auftretens war verheerend – auch wenn sie es subjektiv gut meinten. Auf dem Höhepunkt der Auseinandersetzung beschloss die Gemeinde in Antiochia, Barnabas und Paulus nach Jerusalem zu schicken, um die Sache dort zu klären.

Wie konnte es aber dazu kommen? Dazu müssen wir uns die politische Entwicklung jener Zeit anschauen. Als Gaius mit dem Beinamen Caligula im Jahr 37 römischer Kaiser wurde, machte er den in Rom aufgewachsenen Herodes Agrippa I. zum judäischen König. Caligula entwickelte sich rasch zu einem skrupellosen Machtherrscher, der drohte, sein Bild zur Anbetung im Jerusalemer Tempel aufstellen zu lassen. Bei den Juden wurden schlimmste Erinnerungen an die Vergangenheit wach: 167 v. Chr. hatte nämlich Antiochus IV. Epiphanes den jüdischen Tempel geschändet und dort einen Zeusaltar errichten lassen, was 166 zum Aufstand der Makkabäer führte. Caligulas Drohung führte in Judäa dazu, dass sich die Juden nun erst recht zu ihrem Gesetz und ihrem Glauben bekannten. Die Zeloten erhielten Zulauf. Sie waren streng gesetzestreu und standen den Pharisäern nahe, waren aber darüber hinaus zum bewaffneten Widerstand gegen Rom bereit.

41 wurde Caligula von seinen eigenen Prätorianergarden ermordet. Sein Nachfolger Claudius bestätigte Herodes Agrippa I. im Königsstand. Herodes hatte nun den Eindruck, er müsse die Lage in Judäa beruhigen und beweisen, dass er ein frommer König war. Eine von Caligula geschenkte goldene Kette stiftete er dem Tempelschatz, und er fing an, die Jerusalemer Urgemeinde zu unterdrücken. Als er merkte, dass dies beim Volk gut ankam, ließ er den Apostel Jakobus, den Bruder des Apostels Johannes, hinrichten. Petrus ließ er verhaften. Nach seiner wunderbaren Befreiung verließ Petrus die Stadt vorläufig (vgl. Apg 12).

Das religiös-politische Klima in Judäa veränderte sich von da an stetig. Treue gegenüber der Thora wurde von allen verlangt. Damit bekamen auch die Gesetzestreuen innerhalb der Urgemeinde Auftrieb, und die Gemeinde wurde „konservativer". Ihre Kontakte zu gesetzesfreien Heidenchristen wurden immer misstrauischer beobachtet.

15,1. Doch dann kamen einige Leute aus Judäa nach Antiochia. Das dürfte um das Jahr 48 gewesen sein.

15,2. ... Schließlich wurden Paulus und Barnabas zusammen mit einigen Christen aus Antiochia beauftragt, nach Jerusalem zu reisen und den Aposteln und den Ältesten der dortigen Gemeinde diesen Streitfall vorzulegen. Was wie ein harmloser kleiner Satz aussieht, markiert doch einige Verschiebungen in der Jerusalemer Urgemeinde. Am Anfang waren die zwölf Apostel selbst Gemeindeleiter. Nun gab es neben den Aposteln die Gemeindeleiter oder Ältesten. An ihrer Spitze stand, wie in Apg 15,13 und an anderen Stellen noch deutlich wird, Jakobus. Es handelt sich hierbei um den leiblichen Bruder Jesu.

15,6-11. „... damals, als er mir den Auftrag gab, den Nichtjuden die Botschaft des Evangeliums zu verkünden, und als sie durch mich die Botschaft hörten und zum Glauben kamen ..." Petrus erinnert noch einmal an sein Erlebnis mit Kornelius, und hier zeigt sich, dass die Beruhigung, die Petrus nach seiner Rechtfertigungsrede in Jerusalem erreicht hatte (Apg 11,18), nur vorläufig gewesen war. Unter den jetzigen „klimatischen" Bedingungen wurde die gesetzesfreie Heidenmission von vielen radikal infrage gestellt.

15,13-21. ... „Deshalb steht für mich die Entscheidung fest", fuhr Jakobus fort. „Wir dürfen es den Nichtjuden, die zu Gott umkehren, nicht unnötig schwer machen ..." Es ist ein Zeichen für die

Veränderungen in Jerusalem, dass nicht etwa Petrus, sondern Jakobus das entscheidende Wort spricht. Eindrücklich erinnert er die Versammlung an die Stellen im Alten Testament, an denen davon geredet wird, dass auch die Heiden dereinst Gott suchen werden. Er möchte es ihnen „nicht unnötig schwer machen" (Formulierung beachten!).

15,20. Allerdings sollten wir sie in einem Brief dazu auffordern, folgende Dinge zu unterlassen: jede Verunreinigung durch Götzenverehrung und jede Form von Unmoral sowie den Genuss von Blut und von nicht ausgeblutetem Fleisch. Was Jakobus hier den Heidenchristen auferlegen will, ist dasselbe, was die jüdischen Gemeinden überall von ihren nicht jüdischen Gottesfürchtigen verlangten. Die Einhaltung dieser Regeln erleichterte den Juden den Umgang mit Nichtjuden.

Schlussbemerkung: Die Entscheidung der Apostelversammlung, die „gesetzesfreie Heidenmission" weiter zuzulassen, kann gar nicht hoch genug eingeschätzt werden. Nur so konnte das Evangelium seinen Siegeszug um die Welt antreten. Dass ausgerechnet der durchaus konservative Jakobus eine so liberale Haltung eingenommen hat, bleibt ein Verdienst. Nun konnte das Heidenchristentum wachsen. Das hatte allerdings zur Folge, dass das Judenchristentum bis heute eine Minderheit blieb.

Mehr noch: Nach dem jüdischen Krieg gegen die Römer (66–70 n. Chr.), der mit der Zerstörung Jerusalems und des Tempels endete, schloss man die Judenchristen Zug um Zug aus dem Judentum aus. Sie wurden vollends zur Randgruppe – was sich bis in unsere Gegenwart hinein auswirkt: Das „offizielle" Judentum erkennt die „messianischen Juden", wie sie sich heute nennen, nicht als Juden an.

Um den jüdisch-christlichen Dialog nicht zu gefährden, bleibt auch die Evangelische Kirche in Deutschland (EKD) auf Abstand zu den messianischen Juden. Sie werden beispielsweise nicht zu Kirchentagen eingeladen, wo sonst viel Platz für unterschiedliche Denk- und Lebensformen ist. Es ist zu hoffen, dass sich in Zukunft hier einiges ändert, denn zweifellos gibt es zwischen Judenchristen und nicht jüdischen Christen eine geistliche Einheit.

Turbulenzen in Philippi

8

Apostelgeschichte 16,16-40

EINSTIEG
(15–20 Minuten)
Wählen Sie bitte eine oder zwei Fragen aus.

1. Was halten Sie von Horoskopen und Wahrsagerei? Kennen Sie entsprechende Zeitschriften oder Fernsehsendungen?

2. Bei welchen Gelegenheiten loben Sie Gott?

3. Haben Sie schon erlebt, dass Singen oder Lob Gottes Ihnen geholfen hat? Erzählen Sie davon!

4. Wie reagieren Sie, wenn Ihnen Unrecht widerfährt?

BIBELTEXT

Paulus treibt einen Wahrsagegeist aus ...

16 Eines Tages – wir waren gerade auf dem Weg zur Gebetsstätte – begeg-
nete uns eine Frau, die von einem Wahrsagegeist besessen war; sie war
eine Sklavin und brachte ihren Besitzern mit ihrer Wahrsagerei viel Geld
ein. 17 Die Frau lief hinter Paulus und uns anderen her und schrie in einem
fort: „Diese Leute sind Diener des höchsten Gottes! Sie sagen euch, wie ihr
gerettet werden könnt!“ 18 So ging das viele Tage, bis Paulus es schließlich
nicht mehr ertragen konnte. Er drehte sich um und sagte zu dem Wahrsage-
geist: „Im Namen von Jesus Christus gebiete ich dir: Verlass diese Frau!“ Im
selben Augenblick verließ der Geist die Frau.

... und muss dafür zusammen mit Silas ins Gefängnis

19 Als die Besitzer der Sklavin begriffen, dass mit dem Wahrsagegeist auch
ihre Aussicht auf Gewinn verschwunden war, packten sie Paulus und Silas
und schleppten sie zum Marktplatz, wo die Stadtbehörde ihren Sitz hatte.
20 Sie führten sie den beiden Prätoren vor, den höchsten Justizbeamten von
Philippi, und sagten: „Unsere ganze Stadt ist in Aufruhr wegen dieser Leute
hier! Juden sind sie, 21 und sie propagieren Sitten, die wir als römische Bür-
ger nicht gutheißen können und die wir auf keinen Fall übernehmen dür-
fen.“ 22 Als dann auch noch die Volksmenge in diese Anschuldigungen ein-
stimmte, ließen die Prätoren Paulus und Silas die Kleider vom Leib reißen
und ordneten an, sie mit der Rute zu schlagen. 23 Nachdem man ihnen eine
große Zahl von Schlägen gegeben hatte, ließen die Prätoren sie ins Gefäng-

nis werfen und wiesen den Gefängnisaufseher an, sie scharf zu bewachen.
24 Das tat dieser dann auch: Er sperrte die beiden in die hinterste Zelle des
Gefängnisses und schloss ihre Füße in den Block.

Bekehrung des Gefängnisaufsehers

25 Gegen Mitternacht beteten Paulus und Silas; sie priesen Gott mit Loblie-
dern, und die Mitgefangenen hörten ihnen zu. 26 Plötzlich bebte die Erde
so heftig, dass das Gebäude bis in seine Grundmauern erschüttert wurde.
Im selben Augenblick sprangen sämtliche Türen auf, und die Ketten aller
Gefangenen fielen zu Boden. 27 Der Aufseher fuhr aus dem Schlaf hoch, und
als er die Türen des Gefängnisses offen stehen sah, zog er sein Schwert und
wollte sich töten, denn er dachte, die Gefangenen seien geflohen. 28 Doch
Paulus rief, so laut er konnte: „Tu dir nichts an! Wir sind alle noch hier!“ 29
Da ließ der Aufseher Fackeln bringen, stürzte in das Gefängnis und warf
sich zitternd vor Paulus und Silas zu Boden. 30 Während er sie dann nach
draußen führte, fragte er sie: „Ihr Herren, was muss ich tun, damit ich ge-
rettet werde?“ 31 Sie antworteten: „Glaube an Jesus, den Herrn, und du wirst
gerettet werden, du und alle, die in deinem Haus leben!“ 32 Und sie verkün-
deten ihm und allen, die bei ihm im Haus wohnten, die Botschaft des Herrn.

33 Der Gefängnisaufseher kümmerte sich noch in derselben Stunde, mit-
ten in der Nacht, um Paulus und Silas und wusch ihnen das Blut von den
Striemen ab. Dann ließen sich er und alle, die zu ihm gehörten, ohne zu
zögern taufen. 34 Anschließend führte er die beiden in sein Haus hinauf und
ließ eine Mahlzeit für sie zubereiten. Er war überglücklich, dass er mit sei-
nem ganzen Haus zum Glauben an Gott gefunden hatte.

Paulus und Silas werden rehabilitiert

35 Am nächsten Morgen kamen die Gerichtsdiener im Auftrag der Prätoren
zum Gefängnisaufseher mit der Anweisung: „Lass diese Männer frei!“ 36
Der Aufseher berichtete Paulus davon. „Die Prätoren haben mir durch ihre
Diener befohlen, euch freizulassen“, erklärte er. „Verlasst nun also das Ge-
fängnis und zieht im Frieden Gottes weiter!“ 37 Da wandte sich Paulus an die
Gerichtsdiener und sagte: „Erst haben sie uns ohne jedes Gerichtsverfahren
öffentlich schlagen lassen, obwohl wir das römische Bürgerrecht besitzen,
dann haben sie uns ins Gefängnis geworfen, und jetzt wollen sie uns still
und heimlich abschieben? Das kommt nicht infrage! Sie sollen selbst hier
erscheinen und uns persönlich aus dem Gefängnis herausführen!“ 38 Die
Gerichtsdiener erstatteten den Prätoren Meldung und berichteten ihnen,
was Paulus gesagt hatte. Als die Prätoren hörten, dass es sich bei diesen
Männern um römische Bürger handelte, bekamen sie es mit der Angst zu

tun. 39 Sie begaben sich persönlich zu ihnen und entschuldigten sich für
das, was geschehen war. Daraufhin führten sie die beiden aus dem Gefäng-
nis und baten sie, die Stadt zu verlassen. 40 Wieder in Freiheit, gingen Pau-
lus und Silas zu Lydia, wo sie sich mit den Geschwistern trafen und ihnen
Mut machten. Danach verließen sie die Stadt.

BIBELGESPRÄCH

(30–40 Minuten) Wählen Sie ggf. unter den Fragen aus.

1. Versetzen Sie sich in den Gefängnisaufseher. Was erlebt er an diesem Tag?

2. „Jesus befreit." Wer erlebt das in dieser Geschichte? Wovon werden die Menschen befreit?

3. Versetzen Sie sich in Paulus' und Silas' Situation im Gefängnis. Was halten Sie von ihrer Reaktion (Vers 25)? Welche verschiedenen Auswirkungen hatte ihr Lobgesang?

4. Lesen Sie noch einmal Vers 37. Finden Sie Paulus' Verhalten klug? Hätten Sie sich ebenso verhalten wie er? Wann sollte man auf seinem Recht beharren, wann darauf verzichten?

AUSTAUSCH

(15–30 Minuten) Wählen Sie ggf. unter den Fragen aus. Sie können das Gespräch mit einem gemeinsamen Gebet abschließen.

1. Loben Sie gerne Gott? Was macht es Ihnen schwer oder leicht, ihn zu loben?

2. In dieser Geschichte geht es ja auch um Vorurteile („Es sind Juden."). Was kann man gegen Vorurteile tun?

3. Haben Sie schon einmal erlebt, dass eine Situation viel besser ausging, als Sie befürchtet haben? Erzählen Sie davon. Nehmen Sie es mit ins Gebet – Gott freut sich über Ihr Lob!

4. „Der Herr selbst wird für euch kämpfen, wartet ihr nur ruhig ab!" (2 Mo 14,14). Denken Sie gemeinsam über diesen Bibelvers nach. Welchen Bezug haben Sie zu Paulus' und Silas' obigem Erlebnis?

5. Von dem bekannten württembergischen Pfarrer Christoph Blumhardt (1842–1919) stammt der Satz: „Das Wunder ist nicht die Unregelmäßigkeit, sondern die Herstellung der Regelmäßigkeit in der Schöpfung." Wie verstehen Sie diese Aussage? Was meinen Sie dazu?

Zusammenfassung: Die Vorgeschichte: Nachdem der Heilige Geist Paulus und seinem Team in Kleinasien alle Türen verschlossen hat, kommen sie nach einem bedeutsamen Traum von Paulus nach Europa, in die römische Kolonie Philippi. Eine Purpurhändlerin namens Lydia wird die erste europäische Christin und sie macht sogleich ihr Haus zu einem „Gemeindehaus".

Jesus hatte seinen Jüngern stets gesagt, dass sie seinetwegen mit Leiden rechnen müssten (vgl. Mt 5,11; Mk 8,34+35; Lk 12,11+12; Joh 16,2). Paulus ist in seinem Missionarsleben manchem heftigen Widerstand begegnet; so auch in dieser Geschichte. Antisemitisches „gesundes Volksempfinden" (so nannte man das im Dritten Reich) in Verbindung mit „Vater Staat" bringen Paulus und Silas in Bedrängnis. Sie wehren sich dagegen: mit Liedern! Nein, das ist kein Druckfehler! Lieder – das ist schon richtig.

Noch eine Vorbemerkung: Manche Theologen haben Lukas vorgeworfen, er sei zu römerfreundlich in seiner Darstellung. Schauen wir mal!

16,16-18. Eines Tages – wir waren gerade auf dem Weg zur Gebetsstätte – begegnete uns eine Frau, die von einem Wahrsagegeist besessen war ... Es ist überaus lästig, dass diese Frau einige Tage lang, jedes Mal, wenn sie Paulus und seine Freunde sieht, hinter ihnen her krakeelt. Doch immerhin sagt sie die Wahrheit. Diese Männer sind ja Diener des höchsten Gottes. Warum exorziert sie Paulus? Zum einen, weil hier ein geistlicher Kampf stattfindet. Jesus hat stets Dämonen ausgetrieben und sein Evangelium hat diese Art von Werbung nicht nötig. Zum anderen ist die Magd ja durch den Dämon gebunden. Hat sie nicht ein Recht, durch Jesus befreit zu werden?

16,19. Als die Besitzer der Sklavin begriffen, dass mit dem Wahrsagegeist auch ihre Aussicht auf Gewinn verschwunden war, packten sie Paulus und Silas und schleppten sie zum Marktplatz, wo die Stadtbehörde ihren Sitz hatte ... Tja, beim Geld hört der Spaß auf. Das war schon damals so. Man erkennt hier auch, wie ein böses System von Abhängigkeit entsteht. Die Magd ist gebunden durch den Dämon und zugleich abhängig von ihren Herren. Das abergläubische Volk muss Geld zahlen und begibt sich in die Abhängigkeit der Vorhersagen. Die Herren der Magd erkennen in ihrer Geldgier nicht ihre Bosheit. An dieser Stelle sei auch hingewiesen auf den Aufruhr der Silberschmiede in Ephesus, Apg 19,23-40.

16,20-21. „Unsere ganze Stadt ist in Aufruhr wegen dieser Leute hier!" Das ist natürlich eine bösartige Unterstellung! Aber sie ist wirksam, weil die römischen Behörden (es sind ja immer Besatzungsbehörden!) sehr nervös auf jede Art von Unruhe reagierten. Das Leben spielte sich dort wesentlich auf der Straße ab; viele hatten mitbekommen, was Paulus und Silas taten. (Heutzutage hätten diese Leute wohl eine Medienkampagne gegen Paulus in Gang gesetzt.) Mit dem Hinweis „Juden sind sie" verstärkten sie ihre Anschuldigung noch, indem sie an verbreitete Vorurteile appellierten. Antisemitismus ist keine Erfindung der Neuzeit. Es gibt in der Antike eine Fülle antijüdischer Literatur, und sie war schon damals nicht sehr intelligent. Der römische Geschichtsschreiber Tacitus nennt sie einmal „Feinde des Menschengeschlechts". Der antike Antijudaismus ist oft religiös begründet. Mit seinem absoluten Monotheismus und seinem strikten Bilderverbot (vgl. 2 Mo 20,4+5) passte das Judentum überhaupt nicht in die antike polytheistische Welt mit ihren Götterbildern und dem Anspruch der Machthaber, sie seien (oder würden spätestens mit ihrem Tod) göttlich.

Die Taktik von Paulus' Gegnern ist fies, aber wirksam: Mit dem Vorwurf, hier werde Aufruhr angezettelt, natürlich wieder mal durch Juden, kocht das „gesunde Volksempfinden" hoch. Römisches Recht werde verletzt, lautet ein weiterer Vorwurf, ohne dass das näher begründet wird.

16,22. Als dann auch noch die Volksmenge in diese Anschuldigungen einstimmte, ließen die Prätoren Paulus und Silas die Kleider vom Leib reißen und ordneten an, sie mit der Rute zu schlagen. Es wäre eigentlich die Pflicht der Beamten gewesen, den Sachverhalt erst einmal zu prüfen, aber sie hatten wohl Angst vor dem wütenden Mob. Oder Juden auspeitschen kam ihnen gerade recht.

Paulus und Silas werden nach der Misshandlung besonders streng inhaftiert. Ein himmelschreiendes Unrecht!

16,25. Gegen Mitternacht beteten Paulus und Silas; sie priesen Gott mit Lobliedern, und die Mitgefangenen hörten ihnen zu. Das sind ungewohnte Töne an einem Ort, an dem sonst gebrüllt, geweint oder geflucht wird. Kann man Gott loben, wenn man in den Block geschlossen ist, alle Glieder schmerzen und vom Rücken immer noch das Blut herunterläuft?

Nun ist die ganze Bibel voll von Aufforderungen, Gott zu loben. „Singt dem Herrn ein neues Lied, solange es euch gut geht"? Nein, genau so redet die Bibel nicht. Sie ist der Meinung, man müsse Gott ganz einfach deshalb loben und ehren, weil er Gott ist – egal ob es einem gut geht oder nicht (vgl. z. B. Ps 92,1; Ps 96,1; Ps 97,1; Ps 98,1; Ps 102,18-23). Das haben Paulus und Silas verstanden.

Der württembergische Pfarrer Horst Keil schreibt einmal: „Wenn wir heute nicht singen, nicht jubeln, dass wir an Gott gläubig geworden sind, dann werden wir es in der Stunde des Leidens erst recht nicht können. Die Lieder der Nacht wollen am Tage eingeübt werden" (in: „Für Arbeit und Besinnung." Zeitschrift für die Evang. Landeskirche in Württemberg, 1976, S. 307).

16,26. Plötzlich bebte die Erde so heftig, dass das Gebäude bis in seine Grundmauern erschüttert wurde. Im selben Augenblick sprangen sämtliche Türen auf, und die Ketten aller Gefangenen fielen zu Boden. Es ist wahr! Lobpreis schafft Veränderungen – auch wenn alle einen Augenblick lang dem Tod nah sind. Lobpreis vermag nicht nur die Singenden selbst zu befreien. Er öffnet andere Menschen für das Evangelium. Seine Kraft erweist sich im Leiden. Der Glaube bewährt sich gerade dann, wenn uns die Hände zur Tat gebunden sind. Deshalb will Gott eine singende, lobende, musizierende und betende Gemeinde. Das macht sie stark.

16,27-34. Der Aufseher fuhr aus dem Schlaf hoch, und als er die Türen des Gefängnisses offen stehen sah ... Auch der Gefängnisaufseher war einen Augenblick lang an der Grenze zum Tod. Aber dann wird ihm und allen, die zu ihm gehören, die Tür zum ewigen Leben aufgemacht.

Zuerst sieht er nur die scheinbare Katastrophe: Alle Türen sind offen. Das Ende seines bürgerlichen Lebens und seiner Ehre! Kurz bevor er sich in sein Schwert stürzt, hört er die tröstliche Aufforderung: **„Tu dir nichts an! Wir sind alle noch hier."** Blitzartig begreift er, dass hier eine Macht am Werk ist, die er nicht kennt. Aus „Gefangene Paulus und Silas" wird **„Ihr Herren!"** Der Gefängnisaufseher spürt, dass er an einer Lebenswende steht: **„Was muss ich tun, damit ich gerettet werde?"** Am Ende ist auch sein Haus erfüllt von Lobgesang.

16,35-39. Am nächsten Morgen kamen die Gerichtsdiener im Auftrag der Prätoren zum Gefängnisaufseher mit der Anweisung: „Lass diese Männer frei!" ... Wer damals sagen konnte „Civis Romanus sum – Ich bin ein römischer Bürger", tat das meist mit einem gewissen Stolz; denn das römische Bürgerrecht verlieh einem Menschen bestimmte Privilegien, die die anderen nicht hatten.

Die Stadtbeamten waren der Meinung, die zwei Gefangenen hätten ihre Lektion bekommen. Nun sollten sie sich davonschleichen. Welcher Schreck, als die Beamten erfuhren, dass sie es selbst waren, die römisches Recht verletzt hatten. Denn als sie dem Vorwurf geglaubt hatten, Paulus und Silas hätten gegen römisches Recht verstoßen, hatten sie die beiden ohne ordentliches Verfahren ins Gefängnis geworfen.

Paulus zwang sie, Silas und ihn in aller Form aus dem Gefängnis zu begleiten. Und damit waren sie noch gut bedient!

Schlussbemerkung: Diese Geschichte ist eine der schönsten Geschichten der Apostelgeschichte. Paulus hatte sein Leben lang eine besondere Beziehung zur Gemeinde in Philippi. Abgesehen vom Philemonbrief ist kein Paulusbrief im Neuen Testament so warmherzig wie der an die Gemeinde in Philippi. Es war auch die einzige Gemeinde, von der er Geschenke annahm.

9 Evangelium kontra Religion und Philosophie

Apostelgeschichte 17,16-34

EINSTIEG
(15–20 Minuten)
Wählen Sie bitte eine oder zwei Fragen aus.

1. Wie würden Sie die religiöse Situation in Deutschland beschreiben?
2. Haben Sie schon einmal mit einem Gegner des Christentums diskutiert? Wie war das? Fiel es Ihnen leicht zu erzählen, was Sie glauben?
3. Würden Sie öffentlich, also auf der Straße oder im Internet, Glaubensfragen diskutieren?
4. In den Fußgängerzonen unserer Großstädte begegnet man manchmal Straßenpredigern. Haben Sie schon einmal zugehört? Was haben Sie dabei empfunden?

BIBELTEXT

Paulus in Athen: Begegnung mit griechischen Philosophen

16 Während Paulus nun in Athen auf die beiden wartete, sah er sich in der
Stadt um. Empört und erschüttert stellte er fest, dass ihre Straßen von zahl-
losen Götterstatuen gesäumt waren,
17 und er begann, mit den Leuten Gespräche zu führen. In der Synagoge
redete er mit den Juden und mit denen, die sich zur jüdischen Gemeinde
hielten, und auf dem Marktplatz unterhielt er sich Tag für Tag mit denen, die
er dort antraf.
18 Dabei kam es auch zu Diskussionen mit epikureischen und stoischen
Philosophen. Einige von ihnen spotteten: „Was will eigentlich dieser son-
derbare Vogel mit seinen aufgepickten Weisheiten? Glaubt er, er könne uns
etwas beibringen?“ Andere meinten: „Es scheint, als wolle er Propaganda
für irgendwelche fremden Götter machen!“ Zu diesem Schluss kamen sie,
weil sie Paulus, als er das Evangelium verkündete, von Jesus und von der
Auferstehung reden hörten.
19 Schließlich nahmen sie Paulus in ihre Mitte und führten ihn vor den
Areopag, den Stadtrat von Athen. „Dürften wir erfahren, was das für eine
neue Lehre ist, die du da vertrittst?“, sagten sie. 20 „Du redest über Dinge,
die uns bisher noch nie zu Ohren gekommen sind, und es würde uns inter-
essieren, worum es dabei eigentlich geht.“ (21 Man muss dazu wissen, dass
sich sämtliche Einwohner Athens und sogar die Fremden, die sich nur vorü-

bergehend in dieser Stadt aufhalten, ihre Zeit am liebsten damit vertreiben, stets das Allerneuste in Erfahrung zu bringen und es weiterzuerzählen.)

Aufruf an die Bürger von Athen, zum wahren Gott umzukehren

22 Da trat Paulus vor die Ratsmitglieder und alle anderen, die zusammenge-
kommen waren, und begann: „Bürger von Athen! Ich habe mich mit eigenen
Augen davon überzeugen können, dass ihr außergewöhnlich religiöse Leute
seid. 23 Als ich nämlich durch die Straßen eurer Stadt ging und mir eure
Heiligtümer ansah, stieß ich auf einen Altar mit der Inschrift: ‚Für einen un-
bekannten Gott‘. Ihr verehrt also ein göttliches Wesen, ohne es zu kennen.
Nun, gerade diese euch unbekannte Gottheit verkünde ich euch.

24 Meine Botschaft handelt von dem Gott, der die ganze Welt mit allem,
was darin ist, geschaffen hat. Er, der Herr über Himmel und Erde, wohnt
nicht in Tempeln, die von Menschen erbaut wurden.

25 Er ist auch nicht darauf angewiesen, dass wir Menschen ihm dienen.
Nicht er ist von uns abhängig, sondern wir von ihm. Er ist es, der uns allen
das Leben und die Luft zum Atmen gibt und uns mit allem versorgt, was
wir zum Leben brauchen. 26 Aus einem einzigen Menschen hat er alle Völ-
ker hervorgehen lassen. Er hat bestimmt, dass sich die Menschen über die
ganze Erde ausbreiten, und hat festgelegt, wie lange jedes Volk bestehen
und in welchem Gebiet es leben soll.

27 Mit allem, was er tat, wollte er die Menschen dazu bringen, nach ihm
zu fragen; er wollte, dass sie – wenn irgend möglich – in Kontakt mit ihm
kommen und ihn finden. Er ist ja für keinen von uns in unerreichbarer Ferne.
28 Denn in ihm, dessen Gegenwart alles durchdringt, leben wir, bestehen
wir und sind wir. Oder, wie es einige eurer eigenen Dichter ausgedrückt ha-
ben: ‚Er ist es, von dem wir abstammen.‘

29 Wenn wir nun aber von Gott abstammen, dürfen wir nicht meinen, die
Gottheit gleiche jenen Statuen aus Gold, Silber oder Stein, die das Produkt
menschlicher Erfindungskraft und Kunstfertigkeit sind. 30 In der Vergan-
genheit hat Gott gnädig über die Verfehlungen hinweggesehen, die die
Menschen in ihrer Unwissenheit begangen haben. Doch jetzt fordert er alle
Menschen an allen Orten zur Umkehr auf. 31 Er hat nämlich einen Tag fest-
gesetzt, an dem er durch einen von ihm bestimmten Mann über die ganze
Menschheit Gericht halten und über alle ein gerechtes Urteil sprechen wird.
Diesen Mann hat er vor aller Welt als den künftigen Richter bestätigt, indem
er ihn von den Toten auferweckt hat.“

Unterschiedliche Reaktionen

32 Als Paulus von der Auferstehung der Toten sprach, brach ein Teil der Zu-
hörer in Gelächter aus, und andere sagten: „Über dieses Thema wollen wir
zu einem späteren Zeitpunkt mehr von dir erfahren." 33 Damit endete die
Anhörung, und Paulus verließ die Ratsversammlung.
34 Doch einige Leute schlossen sich ihm an und kamen zum Glauben, so
zum Beispiel Dionysios, ein Mitglied des Stadtrats, und eine Frau namens
Damaris; und es gab noch andere, die zusammen mit diesen beiden an Je-
sus glaubten.

BIBELGESPRÄCH

(30–40 Minuten) Wählen Sie ggf. unter den Fragen aus.

1. Beobachten Sie, wie Paulus das Gespräch führt. Wo kommt er seinen Gesprächspartnern entgegen? Wo „bürstet er sie gegen den Strich"?

2. Paulus musste aufgrund seiner Predigt aus Thessalonich und Beröa fliehen. Kaum in Athen angekommen, fängt er schon wieder an zu predigen. Warum hält er nicht einfach mal den Mund? Was meinen Sie?

3. In den Erläuterungen finden Sie einige Hinweise zu den Stoikern und Epikureern. Kommt Ihnen von deren Lehre etwas bekannt vor?

4. „Wir sind alle Gottes Kinder." Wie wird dieser Satz manchmal gebraucht? Wie versteht ihn die Bibel (vgl. Röm 8,14-17)?

AUSTAUSCH

(15–30 Minuten) Wählen Sie ggf. unter den Fragen aus. Sie können das Gespräch mit einem gemeinsamen Gebet abschließen.

1. Athen war eine Stadt voller Tempel. Was sind denn heute „die Tempel" in unseren Städten, also die Häuser, in denen Wichtiges geschieht?

2. **Der oberste Gott der Griechen hieß Zeus. Wer oder was ist wohl der „oberste Gott" Deutschlands?**

3. **Paulus brauchte einigen Mut für seinen Auftritt. Hätten Sie solchen Mut?**

4. **Kennen Sie Menschen, die „fremden Göttern" hinterherlaufen? Beten Sie gemeinsam für sie.**

5. **Denken Sie an einen ungläubigen Menschen aus Ihrer Umgebung und fangen Sie an, regelmäßig für ihn zu beten.**

Zusammenfassung: Erst in Thessalonich (Apg 17,1-9), dann auch in Beröa (Verse 10-15) wird für Paulus der Boden unter den Füßen zu heiß. Seine Mitarbeiter bringen ihn nach Athen in Sicherheit. Paulus und sein Team haben das oft erlebt, dass nach einer anfänglichen Offenheit gegenüber dem Evangelium ein Angriff erfolgt. Solche Erfahrungen durchziehen die ganze Missionsgeschichte.

In Athen betritt Paulus „den Quellgrund abendländischer Geistesgeschichte", wenn wir es einmal ganz feierlich ausdrücken wollen. Athen – nicht nur die Stadt schöner Tempel (Akropolis), sondern auch die Stadt der Philosophen. Humanistische Bildung ist heute nicht mehr so weitverbreitet, sonst wüssten wir, wie großartig griechische Philosophie ist und nicht zuletzt wie modern. Wer meint, Atheismus sei eine „Erfindung" der Neuzeit, der irrt sich. Es gab griechische Philosophen, die davon überzeugt waren, dass es keine Götter gibt.

Es gibt heute sehr fromme Christen, die um jedes glaubenskritische oder atheistische Buch einen weiten Bogen machen. Sie lesen so etwas nicht – aus Angst, ihr Glaube könnte Schaden nehmen. Sie sind dagegen, dass Pfarrer an „weltlichen" Universitäten ausgebildet werden, sondern rufen nach „bibeltreuen" Ausbildungsstätten. Wer aber das Evangelium verkünden will, muss auf der Höhe der Zeit sein.

Er muss wissen, wie die anderen denken. Paulus erweist sich in dieser Geschichte als gutes Vorbild.

17,16. Während Paulus nun in Athen auf die beiden wartete, sah er sich in der Stadt um. Empört und erschüttert stellte er fest, dass ihre Straßen von zahllosen Götterstatuen gesäumt waren. Aus Sicherheitsgründen wurde Paulus nach Athen gebracht (vgl. Apg 17,10-15). Athen hatte seine große Zeit schon hinter sich, war aber immer noch das Zentrum des Griechentums und auch seiner Religion. Griechische Götter (und so auch ihre Bilder) wirken sehr „menschlich". Für Paulus, in der jüdischen Tradition des absoluten Bilderverbots (2 Mo 20,4) aufgewachsen, eine Zumutung!

17,18a. Dabei kam es auch zu Diskussionen mit epikureischen und stoischen Philosophen. Die stoischen und epikureischen Philosophen sind viel zu intellektuell für einen naiven Bilderdienst. Religionskritik ist ihnen nicht fremd. Die Stoa, eine sehr einflussreiche philosophische Richtung, geht zurück auf Zenon von Kition (um 300 v. Chr.) und seine Schüler. Für die Stoiker ist es wichtig, dass der Mensch die kosmische Ordnung erkennt: Den Kosmos durchwaltet ein vernünftiges göttliches Prinzip. Diese unpersönliche göttliche Kraft steht hinter allem und durchdringt alles. Jeder Mensch muss seinen Platz in der Welt finden und seinen Beitrag für die menschliche Gemeinschaft leisten. Vernunft und Logik helfen dem Menschen, die Welt zu verstehen. Je eher der Mensch seinen Platz im Ganzen findet, desto eher findet er auch zu der sprichwörtlich gewordenen „stoischen Ruhe", die ihm hilft, die Wechselfälle des Lebens zu tragen.

Nach Epikur (341–271/70 v. Chr.) geht es im Leben darum, dass der Mensch sein persönliches Glück findet, indem er maßvoll alle seine Bedürfnisse befriedigt. Maßvoll ist dabei das Stichwort. Gegner der Epikureer haben ihnen Völlerei und Neigung zu Orgien vorgeworfen. Aber damit tut man den Epikureern unrecht. Engagement für die Gemeinschaft wie bei den Stoikern findet man bei ihnen nicht. Epikur und seine Schüler glauben zwar, dass es – irgendwo – Götter gibt, *aber sie haben die Welt nicht geschaffen, greifen nicht in den Weltlauf ein und haben auch kein Interesse an den Menschen.* Umgekehrt schuldet der Mensch den Göttern auch keine Verehrung oder Opfer. Alles ist Materie (also auch die Götter). Wenn der Mensch tot ist, ist und bleibt er tot.

17,18b. Einige von ihnen spotteten: „Was will eigentlich dieser sonderbare Vogel mit seinen aufgepickten Weisheiten? Glaubt er, er könne uns etwas beibringen?" Andere meinten: „Es scheint, als wolle er Propaganda für irgendwelche fremden Götter machen!" Paulus hatte von Jesus und seiner Auferstehung gesprochen. Stoiker und Epikureer nennen Paulus einen „sonderbaren Vogel" (wörtlich übersetzt: „Körnerpicker“). Zunächst glauben sie, Paulus rede von zwei Göttern, von Jesus und der Göttin „Anastasis“ (= Auferstehung).

17,19. Schließlich nahmen sie Paulus in ihre Mitte und führten ihn vor den Areopag, den Stadtrat von Athen. Paulus muss sich zwar nicht einer Gerichtsverhandlung stellen, aber doch einem offiziellen Streitgespräch.

Areopag heißt zunächst ein Felsen in der Nähe der Akropolis, wo sich in der früheren Zeit der oberste Rat der Stadt zu Beratungen und Gerichtsverhandlungen getroffen hat. Der Name des Felsens ging auf das Gremium über. Areopag hießen die Leute, die zu diesem Rat gehörten, auch wenn sie sich in späterer Zeit in einem Gebäude an anderer Stelle trafen. Wo Paulus nun mit den Philosophen gestritten hat, bleibt unklar. Vielleicht doch oben auf dem Felsen. Jedenfalls haben die Athener dort ein Denkmal, das an Paulus' Auftritt erinnert.

17,21. Man muss dazu wissen, dass sich sämtliche Einwohner Athens und sogar die Fremden, die sich nur vorübergehend in dieser Stadt aufhalten, ihre Zeit am liebsten damit vertreiben, stets das Allerneuste in Erfahrung zu bringen und es weiterzuerzählen. Das ist ein liebevoll-ironischer Seitenhieb von Lukas. Andererseits ehrt ihre gesunde Neugier die Athener auch. In einer Zeit ohne Zeitungen, Radio und Internet war das Gespräch die einzige Möglichkeit, Neues zu erfahren.

17,23. „Als ich nämlich durch die Straßen eurer Stadt ging und mir eure Heiligtümer ansah, stieß ich auf einen Altar mit der Inschrift: ‚Für einen unbekannten Gott'. Ihr verehrt also ein göttliches Wesen, ohne es zu kennen. Nun, gerade diese euch unbekannte Gottheit verkünde ich euch.“ Warum die Athener einen solchen Altar hatten, bleibt rätselhaft. War es religiöse Vorsicht nach dem Motto: „Lieber einen Altar zu viel als einen zu wenig“? Oder war es der religiöse Ausdruck eines tiefsinnigen Philosophen, der der Meinung war, Gott bleibe immer ein unbekanntes Wesen? Wie dem auch sei, dieser Altar gibt Paulus einen Anknüpfungspunkt für seine Rede. Mich erinnert dieser Altar an unsere postmoderne Welt, in der es Platz für viele „Wahrheiten“ gibt. Überhaupt erinnert die weltanschauliche Lage zu Paulus' Zeit in ihrer Vielfalt, Gegensätzlichkeit und auch in ihrer teilweise oberflächlichen Toleranz stark an unsere Gegenwart. Neben den „etablierten Religionen“ der Völker im Römischen Reich gab es Mischreligionen und auch esoterische Strömungen. Für jeden war auf dem Markt der Weltanschauungen etwas dabei. Das Spektrum ging von staubtrocken-intellektuell bis zum orgiastischen Geheimkult. Das galt zumindest für die großstädtischen Bereiche.

17,24-27. Meine Botschaft handelt von dem Gott, der die ganze Welt mit allem, was darin ist, geschaffen hat. ... Mit allem, was er tat, wollte er die Menschen dazu bringen, nach ihm zu fragen; er wollte, dass sie – wenn irgend möglich – in Kontakt mit ihm kommen und ihn finden. Er ist ja für keinen von uns in unerreichbarer Ferne ... Paulus entfaltet hier das biblische Gottesbild: Es gibt nur einen Gott, der aber kein unbekanntes Wesen ist, sondern ein persönlicher, sich offenbarender Gott. Ein Schöpfer, der nicht immanenter Teil seiner Schöpfung ist, sondern ihr gegenübersteht. Vor allem aber: ein Gott, der seine Schöpfung liebt und sie erlösen will.

17,28. Denn in ihm, dessen Gegenwart alles durchdringt, leben wir, bestehen wir und sind wir. Oder, wie es einige eurer eigenen Dichter ausgedrückt haben: ‚Er ist es, von dem wir abstammen.' Noch einmal holt Paulus seine Zuhörer in ihrer eigenen Tradition ab, indem er Aratus zitiert, der damit wiederum an einen ähnlichen Satz des Stoikers Kleanthes erinnert.

17,31. „Er hat nämlich einen Tag festgesetzt, an dem er durch einen von ihm bestimmten Mann über die ganze Menschheit Gericht halten und über alle ein gerechtes Urteil sprechen wird.“ Dieser Vers ist allerdings nun ein Generalangriff auf hellenistisches Denken, dem die Idee eines Weltgerichts durch Gott fremd ist. Hellenistisches Geschichtsdenken ist zyklisch, biblisches dagegen linear: Die Welt hat einen Anfang in der Schöpfung und Gott macht der Welt auch ein Ende.

17,32. Als Paulus von der Auferstehung der Toten sprach, brach ein Teil der Zuhörer in Gelächter aus, und andere sagten: „Über dieses Thema wollen wir zu einem späteren Zeitpunkt mehr von dir erfahren." Mit der Rede von der Auferstehung Jesu hat Paulus für seine Zuhörer den Bogen endgültig überspannt. Er erntet dafür viel Spott.

Paulus hat lernen müssen, Spott auszuhalten. Er hat Schlimmeres erlebt. Dass wir heutigen Christen oft so empfindlich auf Spott reagieren, mag daran liegen, dass wir meist nur hinter Kirchen- und Gemeindehausmauern das Evangelium verkündigen. Uns fehlt der frische Wind der Straßen und Marktplätze. Alle die, die wegen ihres Glaubens verspottet werden, mögen sich mit Jesu Wort aus Mt 5,11+12 trösten.

17,34. Doch einige Leute schlossen sich ihm an und kamen zum Glauben, so zum Beispiel Dionysios, ein Mitglied des Stadtrats, und eine Frau namens Damaris; und es gab noch andere, die zusammen mit diesen beiden an Jesus glaubten. Paulus' Predigterfolg war nicht gerade überwältigend. Aber er hat es dennoch gewagt! Sind wir heute angesichts vieler kirchenkritischer Stimmen nicht viel zu ängstlich geworden? Wir erwarten, dass die Menschen in unsere Kirchen und Gemeinden kommen. Dabei sollten wir auf die Straßen gehen. Immerhin – die Erkenntnis gilt auch noch heute, dass es Orte gibt, an denen es schwerer als an anderen ist zu evangelisieren. In Korinth z. B. hatte Paulus mehr Erfolg als in Athen.

Schlussbemerkung: Paulus' Predigt enthält alle vier Kernpunkte, wie wir sie – in jeweils unterschiedlicher Gewichtung – in der Apostelgeschichte bzw. bei hellenistisch geprägten Judenchristen kennen:

1. die Macht und Lebendigkeit Gottes gegenüber der Nichtigkeit anderer Götter,
2. die Möglichkeit der Umkehr und des Glaubens an Gott,
3. die Rede vom kommenden Jesus als Richter der Welt und
4. den Hinweis auf die Auferweckung Jesu, die seine besondere Stellung unterstreicht.

Vgl. Apg 14,15-17; 1 Thess 1,9-10; Hebr 6,1-2.

10 Paulus' Testament

Apostelgeschichte 20,17-38

EINSTIEG
(15–20 Minuten)
Wählen Sie bitte eine oder zwei Fragen aus.

1. Stellen Sie sich vor, Sie müssten sich für immer von einigen Freunden verabschieden. Was würden Sie ihnen sagen?

2. „Letzten Worten“ eines Menschen wird oft eine große Bedeutung zugesprochen. Kennen Sie Beispiele für solche „letzten Worte“?

3. Sie haben gewiss schon von Martin Luther Kings berühmter Rede „I have a dream“ gehört. Worin bestand eigentlich ihre Bedeutung?

BIBELTEXT

Abschiedsrede an die Verantwortlichen der Gemeinde von Ephesus

17 Eins allerdings ließ Paulus sich nicht nehmen: Er schickte von Milet aus eine Nachricht an die Ältesten der Gemeinde von Ephesus und bat sie, zu ihm zu kommen.

18 Als sie in Milet eingetroffen waren, richtete er folgende Worte an sie: „Vom ersten bis zum letzten Tag meines Aufenthalts in der Provinz Asien war ich bei euch, und in dieser ganzen Zeit habt ihr gesehen, wie ich lebte und was ich tat. Ihr wisst, 19 dass ich dem Herrn diente, ohne je überheblich aufzutreten; ich diente ihm, auch wenn das oft mit Tränen verbunden war und mein Glaube wegen der Angriffe der Juden auf eine harte Probe gestellt wurde. 20 Ihr wisst auch, dass ich euch nichts von dem verschwiegen habe, was gut und hilfreich für euch ist; ich habe euch alles verkündet und habe euch alles gelehrt, sowohl öffentlich als auch in den Häusern, in denen ihr zusammenkommt. 21 Juden wie Nichtjuden forderte ich eindringlich auf, zu Gott umzukehren und an Jesus, unseren Herrn, zu glauben.

22 Und jetzt gehe ich nach Jerusalem, von Gottes Geist dazu gedrängt und an seine Weisung gebunden. Was dort im Einzelnen mit mir geschehen wird, weiß ich nicht. 23 Ich weiß nur, dass der Heilige Geist mich in jeder Stadt, durch die ich komme, ausdrücklich darauf hinweist, dass Gefangenschaft und Leiden auf mich warten. 24 Doch es liegt mir nichts an meinem Leben; mein persönliches Ergehen hat keinerlei Bedeutung. Wichtig ist nur, dass ich das Ziel meines Laufes erreiche und den Auftrag voll und ganz erfülle, den ich von Jesus, dem Herrn, erhalten habe – den Auftrag, allen Menschen die gute Nachricht von Gottes Gnade zu bringen.

25 Und noch etwas muss ich euch sagen, euch und allen anderen, bei

denen ich gewesen bin, um ihnen die Botschaft von Gottes Reich zu verkünden: Ich weiß, dass ihr mich nicht wiedersehen werdet. 26 Deshalb erkläre ich hiermit vor euch allen, dass mich keine Schuld trifft, wenn irgendjemand, der diese Botschaft gehört hat, nicht gerettet wird. 27 Denn ich bin meinem Auftrag nicht untreu gewesen, sondern habe euch den Plan Gottes in seinem ganzen Umfang verkündet.

28 Gebt Acht auf euch selbst und auf die ganze Herde, die Gemeinde Gottes, zu deren Leitern euch der Heilige Geist eingesetzt hat. Sorgt für sie als gute Hirten; Gott hat sie ja durch das Blut seines eigenen Sohnes erworben. 29 Ich weiß, dass nach meinem Abschied reißende Wölfe bei euch eindringen und erbarmungslos unter der Herde wüten werden. 30 Sogar aus euren eigenen Reihen werden Männer auftreten, die die Wahrheit verdrehen, um die Jünger des Herrn irrezuführen und auf ihre Seite zu ziehen. 31 Seid also wachsam und denkt daran, dass ich drei Jahre lang unermüdlich, Tag und Nacht, jedem Einzelnen von euch den rechten Weg gewiesen habe, und das oft genug unter Tränen.

32 Und nun vertraue ich euch Gott und der Botschaft von seiner Gnade an. Diese Botschaft hat die Macht, euch im Glauben zu festigen, sodass ihr, zusammen mit allen anderen, die zu Gottes heiligem Volk gehören, das ewige Erbe erhaltet.

33 Nie war ich auf Silber oder Gold aus; keinen von euch habe ich je um Kleidung gebeten. 34 Seht hier meine Hände: Ihr könnt bestätigen, dass ich durch eigene Arbeit für alles gesorgt habe, was ich und meine Begleiter zum Leben brauchten. 35 Mit meiner ganzen Lebensführung habe ich euch gezeigt, dass wir Arbeit und Mühe nicht scheuen dürfen; denn dann können wir den Bedürftigen helfen, wie es unsere Aufgabe ist. Denkt immer an die Worte, die Jesus, der Herr, selbst gesagt hat: ‚Auf dem Geben liegt ein größerer Segen als auf dem Nehmen.'"

36 Als Paulus geendet hatte, kniete er zusammen mit allen Ältesten nieder und betete mit ihnen. 37 Danach brachen alle in lautes Weinen aus, fielen ihm um den Hals und küssten ihn wieder und wieder. 38 Am meisten bedrückte sie, dass er gesagt hatte, sie würden ihn nicht wiedersehen. Dann begleiteten sie ihn zum Schiff.

BIBELGESPRÄCH

(30–40 Minuten) Wählen Sie ggf. unter den Fragen aus.

1. Was macht – nach Paulus – einen guten Missionar bzw. einen guten Gemeindeleiter aus?

2. Worin besteht seine Aufgabe?

3. Was sind die größten Gefahren für die Gemeinde?

4. Paulus legt hier an sich und an andere einen sehr hohen Maßstab an. Wie gehen wir damit um, wenn wir zugeben müssen, dass wir nicht so gut sind?

AUSTAUSCH
(15–30 Minuten)
Wählen Sie ggf. unter den Fragen aus. Sie können das Gespräch mit einem gemeinsamen Gebet abschließen.

1. Kennen Sie geistliche Leiter, die Ihnen auf Ihrem Lebensweg wichtig geworden sind? Was waren deren Qualitäten?
2. Beten Sie für alle, die im Dienst der Verkündigung stehen.
3. In welchem Konflikt steht Paulus? Warum weicht er den erwarteten Gefahren nicht aus?
4. Paulus spricht eindringlich von kommenden Gefahren. Wenn Sie an Ihre Gemeinde denken, überwiegt dann Ihre Sorge oder haben Sie den Glauben, dass Gott alles noch zum Guten richten wird? Lesen Sie dazu Lk 12,31+32.

ERLÄUTERUNGEN

Zusammenfassung: Paulus, der den Ehrentitel „Völkermissionar" wahrlich verdient hat, ist dreimal zu großen Missionsreisen aufgebrochen, vgl. Apg 13,3; 15,36-40; 18,23. Gegen Ende seiner dritten Missionsreise muss Paulus das Gefühl gehabt haben, dass es Zeit für etwas Neues war. Zu sachlich und beiläufig hat die sonst gut zu lesende Bibel „Hoffnung für alle" Apg 19,21 übersetzt, wenn sie schreibt, Paulus habe eine Reise nach Rom beschlossen. Im griechischen Urtext wird es viel deutlicher: „Ich muss nach Rom", sagt der Apostel dort.

Paulus dachte strategisch. Aus dem Römerbrief wissen wir, dass er die Gemeinde in Rom als Ausgangspunkt nehmen wollte, um schließlich bis nach Spanien zu gelangen. Vorher aber wollte er noch nach Jerusalem, um dort eine Kollekte abzugeben. Damit beginnt in Paulus' Leben ein Abschnitt, dem Lukas in seinem Buch viel Raum gönnt.

In Jerusalem wird er von kleinasiatischen Juden erkannt, die ihn als Tempelschänder bezeichnen. Er wird beinahe gelyncht; es ist die römische Polizei, die ihn davor rettet. Paulus bleibt in römischer Haft. Er appelliert an das kaiserliche Gericht und wird schließlich nach Rom überführt, wo er in Hausarrest genommen wird und auf seinen Prozess wartet. Er darf dort Besuch empfangen und hört nicht auf, von Christus zu reden. Damit endet die Apostelgeschichte. Was ich hier in wenigen Zeilen berichtet habe, zog sich immerhin über mehrere Jahre hin. Paulus wurde im Jahr 57 verhaftet; der von Lukas genannte Romaufenthalt dürfte die Jahre 60 bis 62 umfassen. In diesem letzten großen Abschnitt seines Buchs schildert Lukas den Apostel als gefangenen und leidenden Zeugen Jesu Christi, der trotz a**ller Umstände den Glauben und die Hoffnung nicht aufgibt und jede Gelegenheit nutzt, seinen Herrn zu bezeugen.**

Aber noch bevor Lukas seinen „Helden" in Jerusalem ankommen lässt, berichtet er vom „geistlichen Testament" dieses Völkermissionars. Wir werden sehen, dass in diesem Text sowohl Paulus als auch Lukas zu Wort kommen.

20,18-21. „Vom ersten bis zum letzten Tag meines Aufenthalts in der Provinz Asien war ich bei euch, und in dieser ganzen Zeit habt ihr gesehen, wie ich lebte und was ich **tat ..." Paulus unterstreicht in den ersten Sätzen seine Hingabe an den Dienst. Das ganze Evangelium hat er ver**kündigt. Er hat also nicht aus subjektiven theologischen, weltanschaulichen oder politischen Gründen manche Aspekte bevorzugt und andere unter den Tisch fallen lassen. Und: **Leben und Botschaft stimmen bei ihm überein.**

Tim Dowley

Brunnen Bibelatlas

32 Seiten
ISBN 978-3-7655-6199-3

- 30 vierfarbige Karten
- von Abraham bis zu den frühchristlichen Gemeinden
- Hintergrundinformationen zu jeder Karte
- Ortsregister

Die Bibel ist voll von Ortsangaben und Reisebeschreibungen: Von Abrahams großer Reise aus Ur ins Land Kanaan bis hin zu den Missionsreisen des Paulus. Aber wo lag eigentlich Mesopotamien? Wo durchquerte Mose mit den Israeliten das Rote Meer? Wo befand sich Kadesch-Barnea, einer der wichtigsten Lagerplätze der Israeliten bei ihrer 40 jährigen Wanderung durch die Wüste? Oder Ninive – die Stadt, die der Prophet Jona so weit wie möglich hinter sich lassen wollte?

Auf 32 Seiten bieten die detailgenauen Reliefkarten dieses Bibelatlasses einen Überblick über die Geografie der Bibel: Wo fanden die in der Bibel geschilderten Ereignisse statt? Wo lagen wichtige Orte? Welche Reiserouten werden beschrieben? Wo lagen die verschiedenen beschriebenen Völker und Nationen und welche Grenzen hatten die Gebieten der Stämme Israels?

Brunnen Verlag GmbH
www.brunnen-verlag.de